도서출판 풀잎
디지털 디톡스
시리즈 No.3

쉴수록 좋아지는 나의 뇌

미로를 탈출하라

디지털 세상으로부터 뇌를 탈출시켜드립니다

도서출판 풀잎

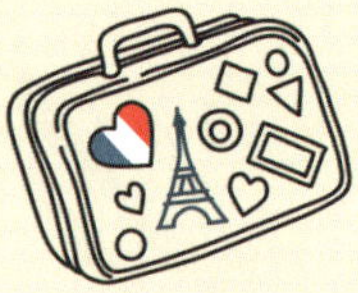

쉴수록 좋아지는 나의 뇌

미로를 탈출하라

디지털 세상으로부터 뇌를 탈출시켜드립니다

초판 1쇄 인쇄 I 2018년 2월 26일
초판3쇄 발행 I 2020년 7월 10일

지은이 I 도서출판 풀잎
펴낸이 I 도서출판 풀잎
디자인 I 부성
펴낸곳 I 도서출판 풀잎
등 록 I 제2-4858호
주 소 I 서울시 중구 필동로 8길 61-16
전 화 I 02-2274-5445/6
팩 스 I 02-2268-3773

ISBN 979-11-85186-55-9 13690

• 이 도서의 국립중앙도서관 출판예정도서목록(CIP)은 서지정보유통지원시스템 홈페이지 (http://seoji.nl.go.kr)와 국가자료공동목록시스템(http://www.nl.go.kr/kolisnet)에서 이용하실 수 있습니다. (CIP제어번호 : CIP2018005073)

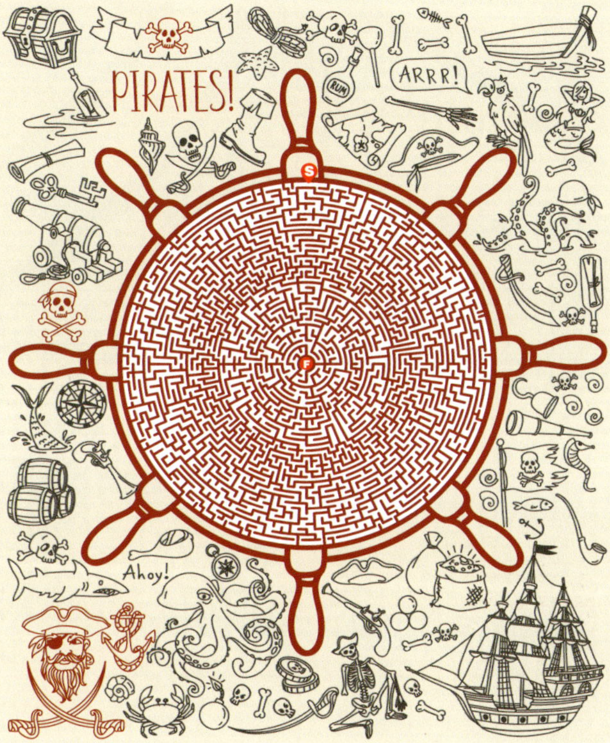

쉴수록 좋아지는 나의 뇌

미로를 탈출하라

디지털 세상으로부터 뇌를 탈출시켜드립니다

S 출발 F 도착 소요시간 ______________

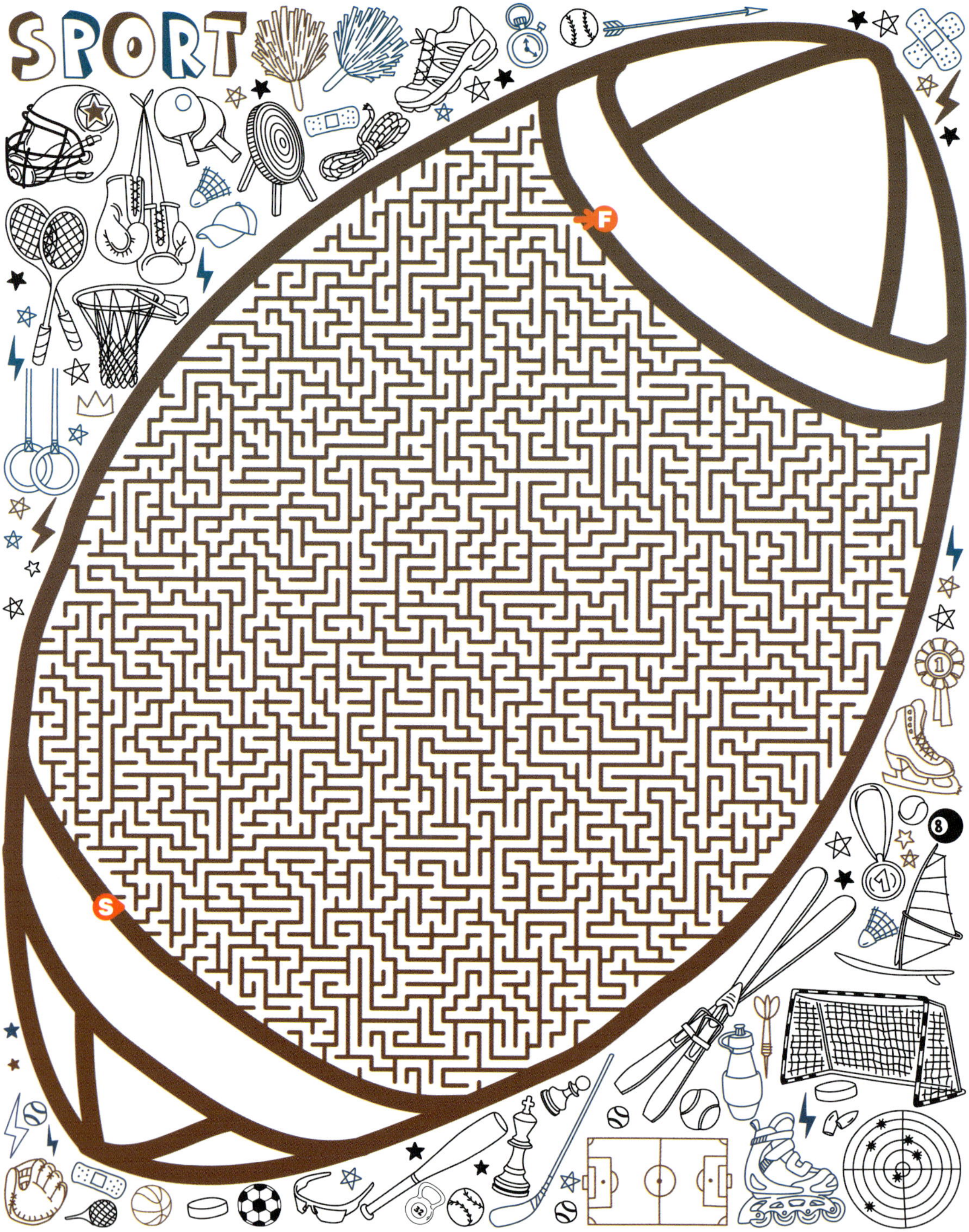

S 출발 F 도착 소요시간 ____________

S
F
Si
Br
V=ST
Si
B
He
Pl
cos
Au
Si
πR²
O₂
H₂O
E=mc²
math
3,14159
chemistry
math
H₂O
V=ST
Li
He
Si?
lim
H₂O const
Br

Digital Detox **Escape the maze**

S 출발 F 도착 소요시간 ______________

S 출발 F 도착 소요시간 ____________

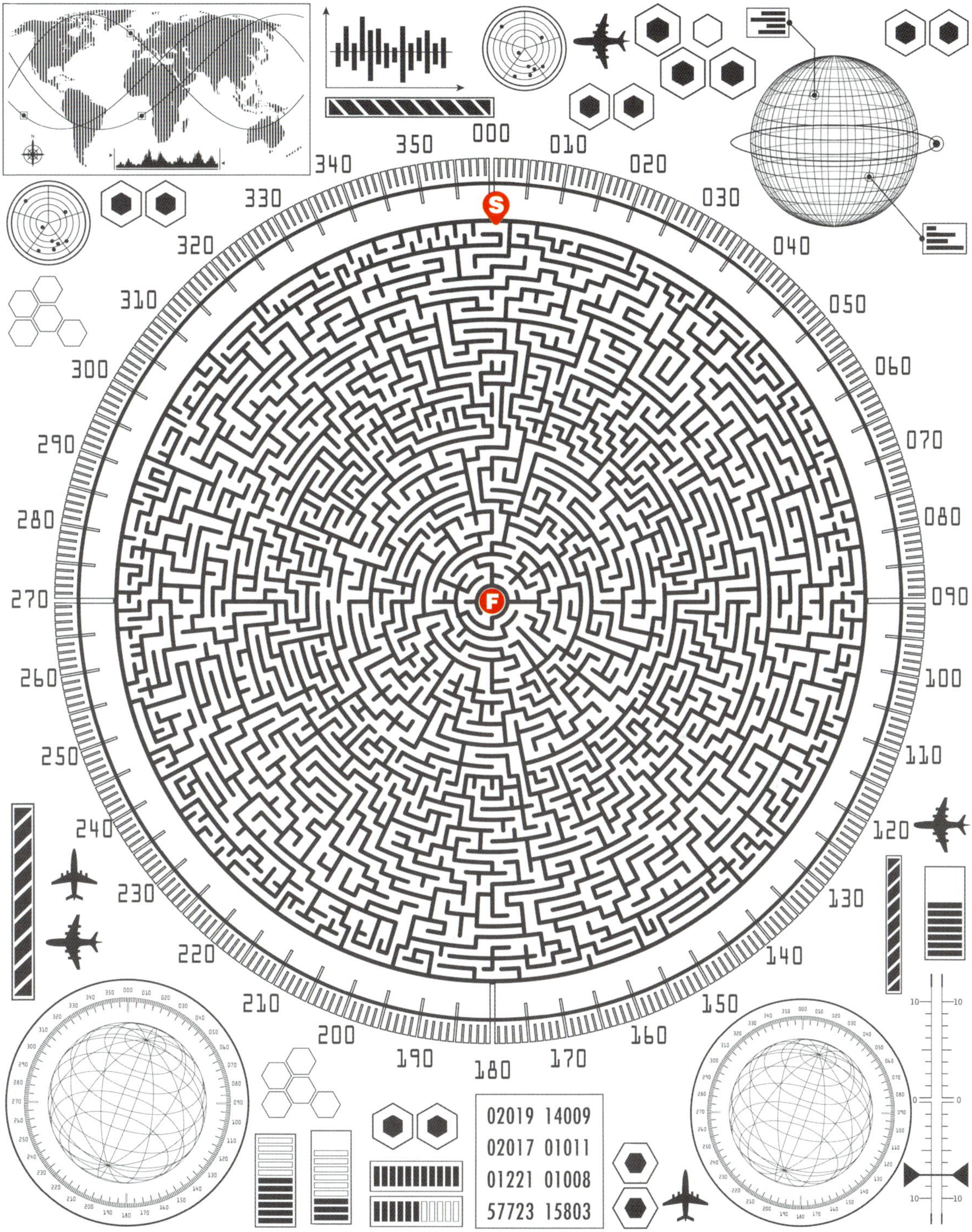

Escape the maze

S 출발 F 도착 소요시간 ____________

S 출발 F 도착 소요시간 ____________

S 출발 F 도착 소요시간 ______________

S 출발 F 도착 소요시간 ____________

Escape the maze

S 출발 F 도착 소요시간 ____________

S 출발 F 도착 소요시간 ______________

S 출발 F 도착 소요시간 ______________

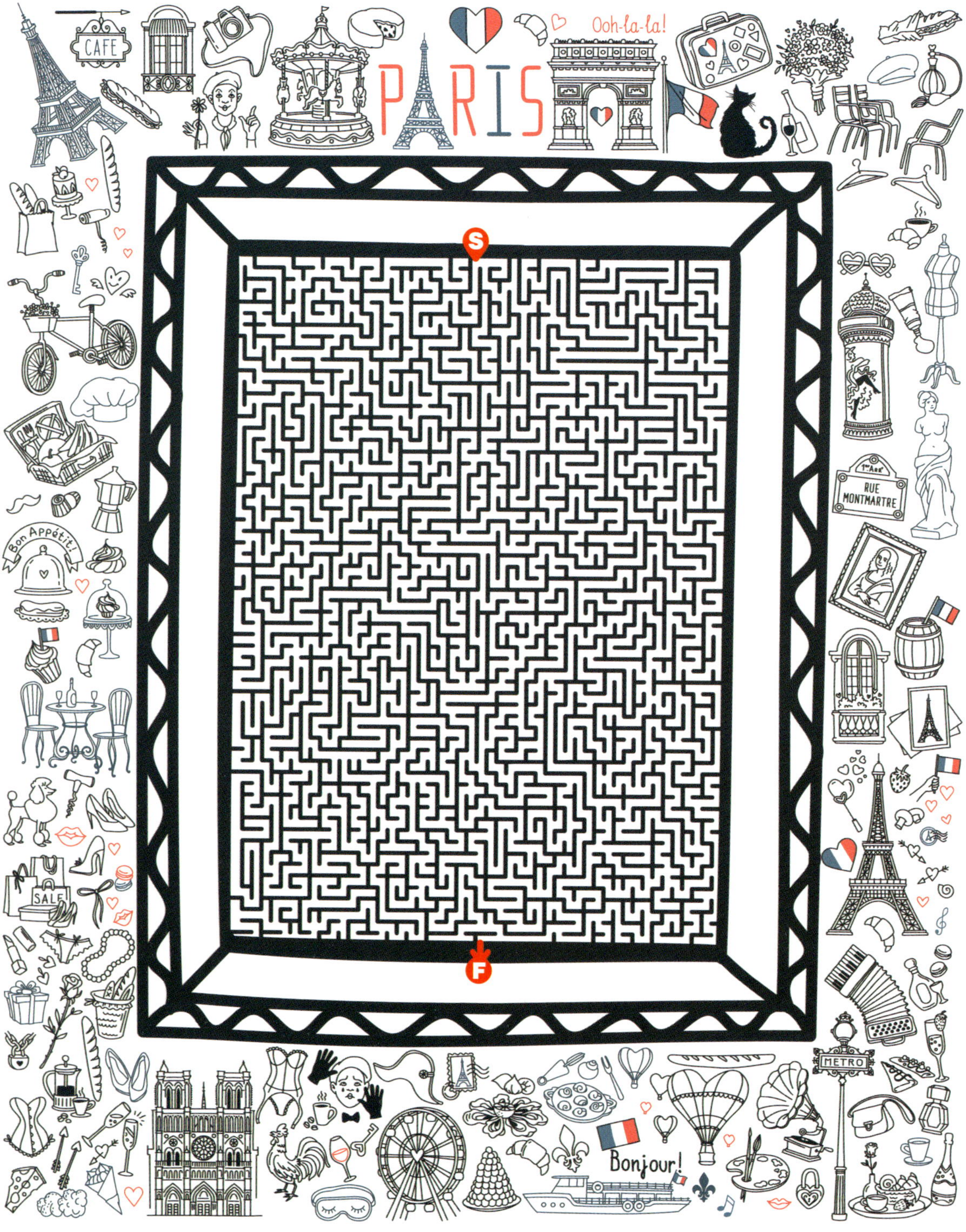
PARIS
CAFE
Ooh-la-la!
RUE MONTMARTRE
Bon Appétit!
SALE
METRO
Bonjour!
S
F

S 출발 F 도착 소요시간 ____________

S 출발 F 도착 소요시간 ________________

S 출발 F 도착 소요시간 ________________

Digital Detox **Escape the maze**

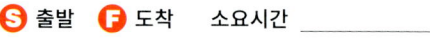

S 출발 F 도착 소요시간 ____________

S 출발 F 도착 소요시간 ____________

Digital Detox **Escape the maze**

S 출발 F 도착 소요시간 ____________

S 출발 F 도착 소요시간 ____________

S 출발 F 도착 소요시간 ____________

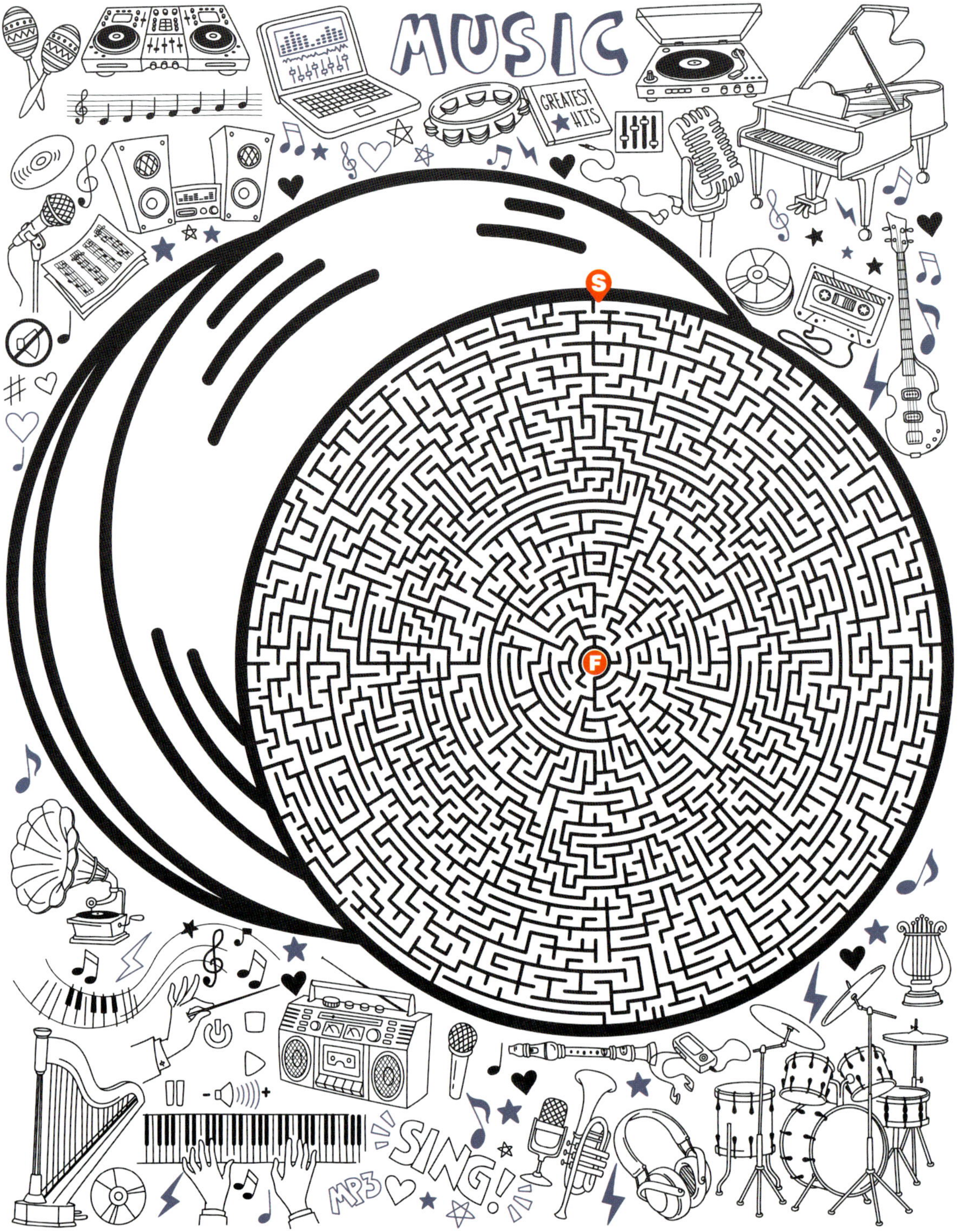

S 출발 F 도착 소요시간 ____________

Escape the maze

S 출발 F 도착 소요시간 ____________

S 출발 F 도착 소요시간 ______________

Escape the maze

S 출발 F 도착 소요시간 ______________

S 출발 F 도착 소요시간 ____________

S 출발 F 도착 소요시간 ____________

S 출발 F 도착 소요시간 ____________

S 출발 F 도착 소요시간 ____________

S 출발 F 도착 소요시간 ____________

S 출발 F 도착 소요시간 ______________

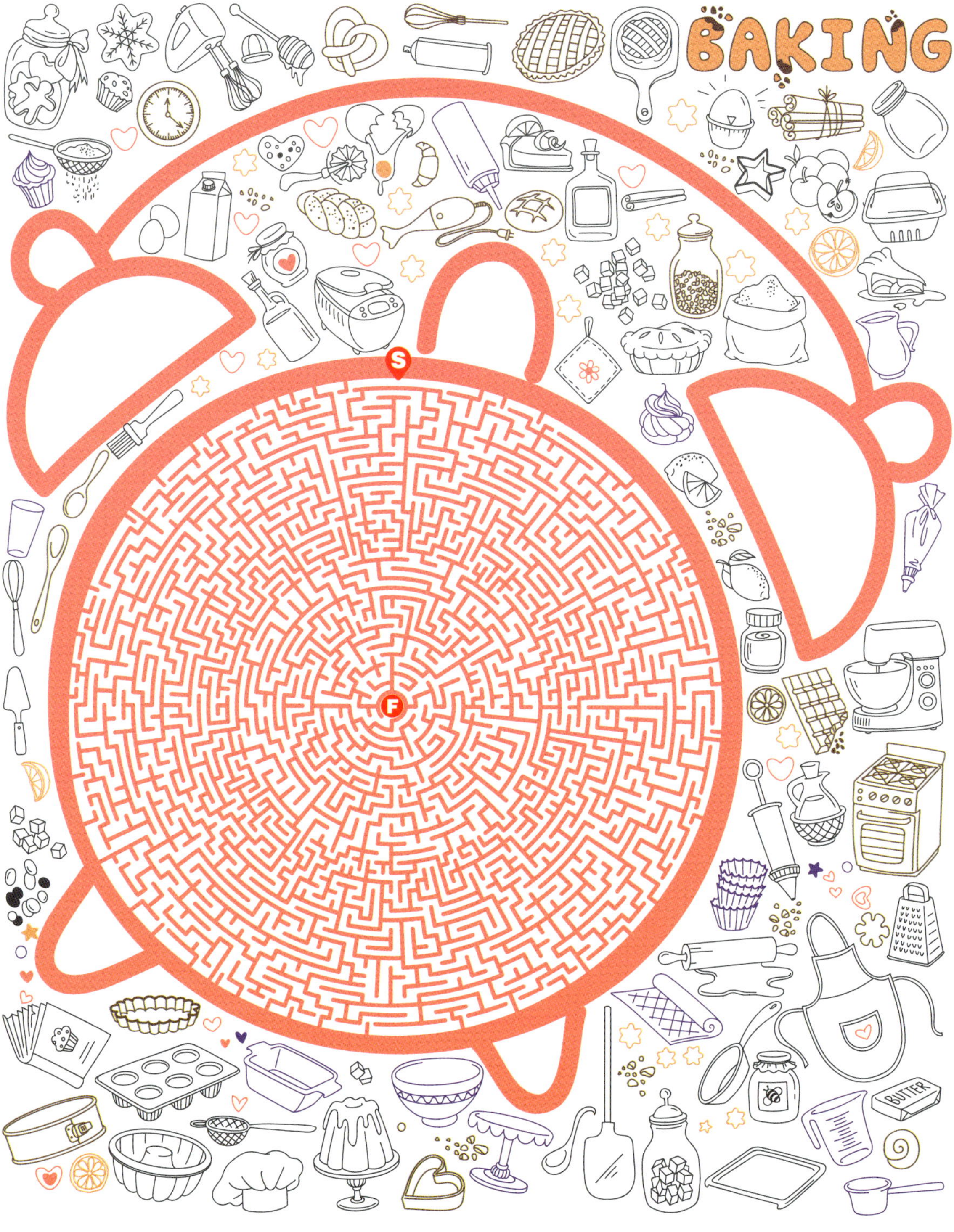

S 출발 F 도착 소요시간 ______________

S 출발 F 도착 소요시간 ____________

S 출발 F 도착 소요시간 ____________

Ⓢ 출발 Ⓕ 도착 소요시간 ______________

S 출발 F 도착 소요시간 ____________

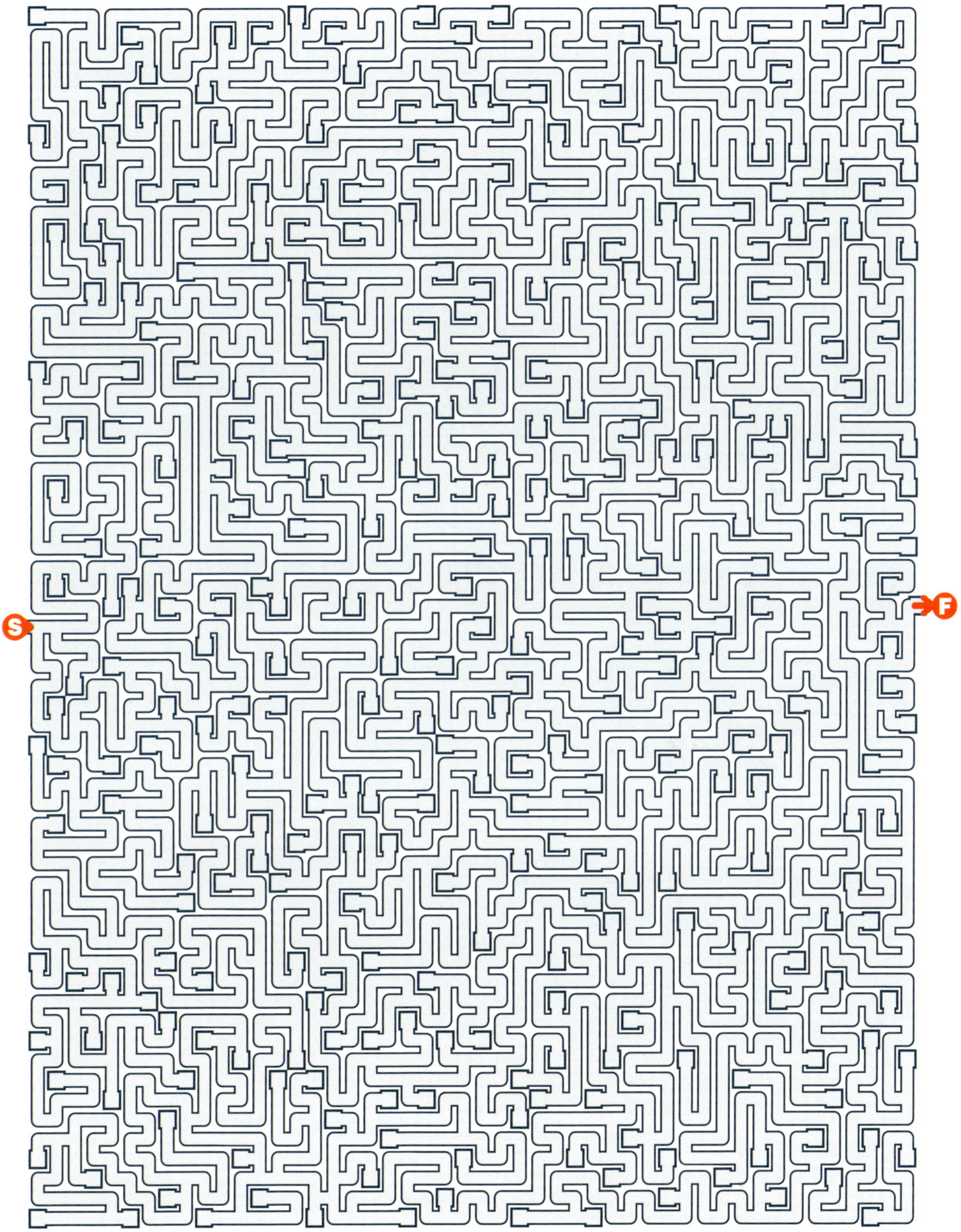

S 출발 F 도착 소요시간 ______________

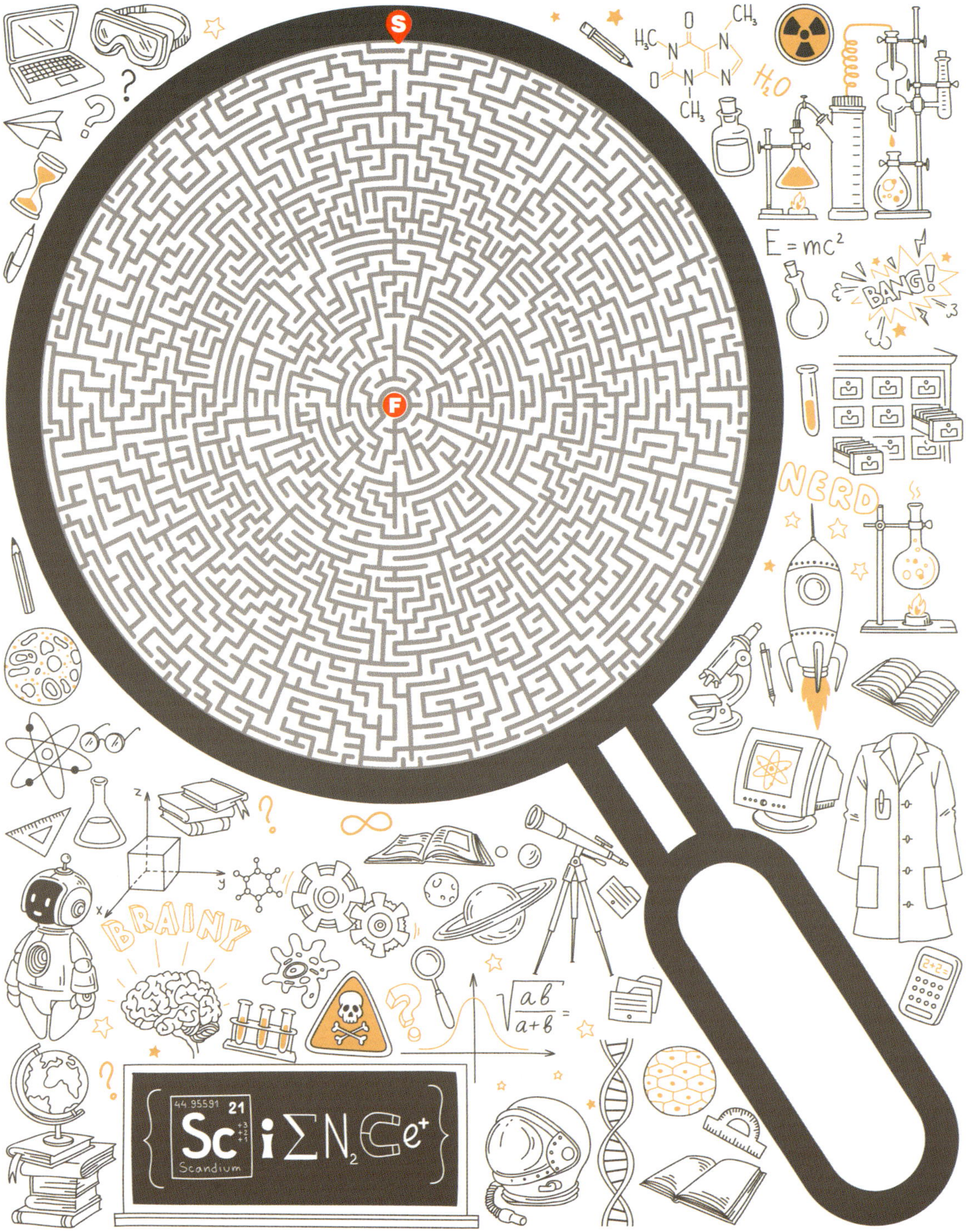
S
F
H₃C
CH₃
O
N
H₂O
E = mc²
BANG!
NERD
BRAINY
a b
a + b
44.95591 21
Sc
Scandium
iΣN₂Ce⁺

S 출발 F 도착 소요시간 ______________

S 출발 F 도착 소요시간 ____________

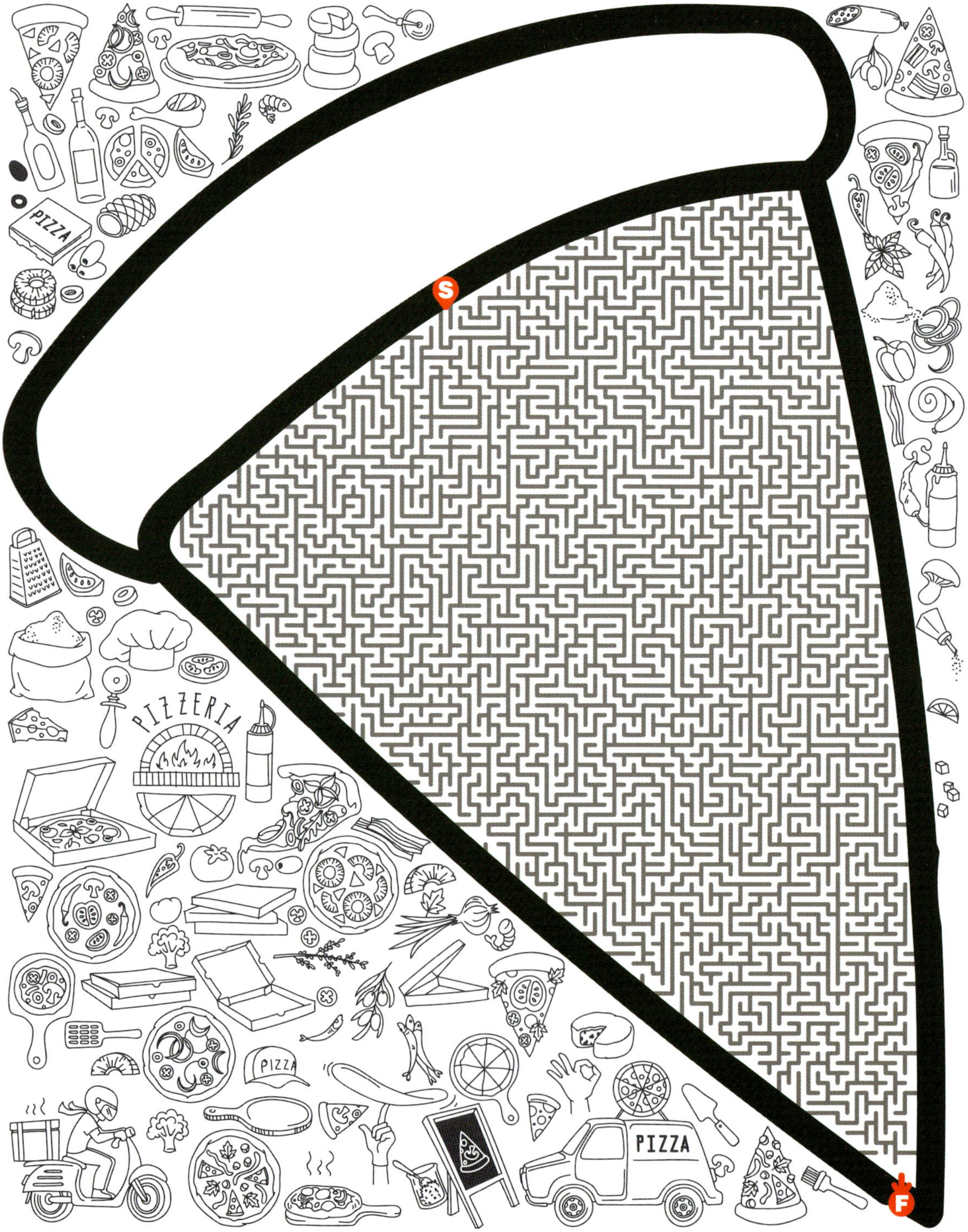

S 출발 F 도착 소요시간 ____________

Escape the maze

S 출발 F 도착 소요시간 ____________

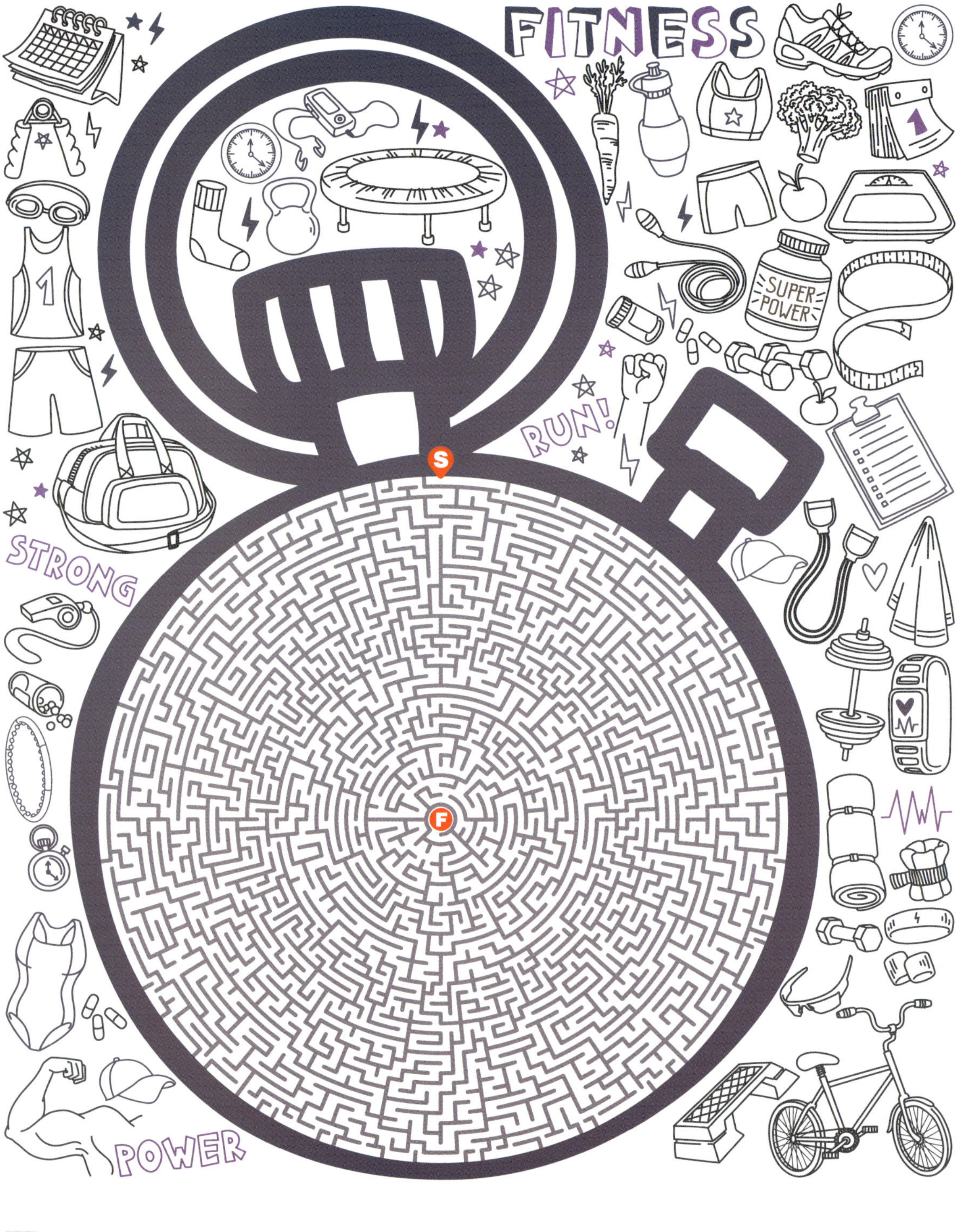

S 출발 F 도착 소요시간 ____________

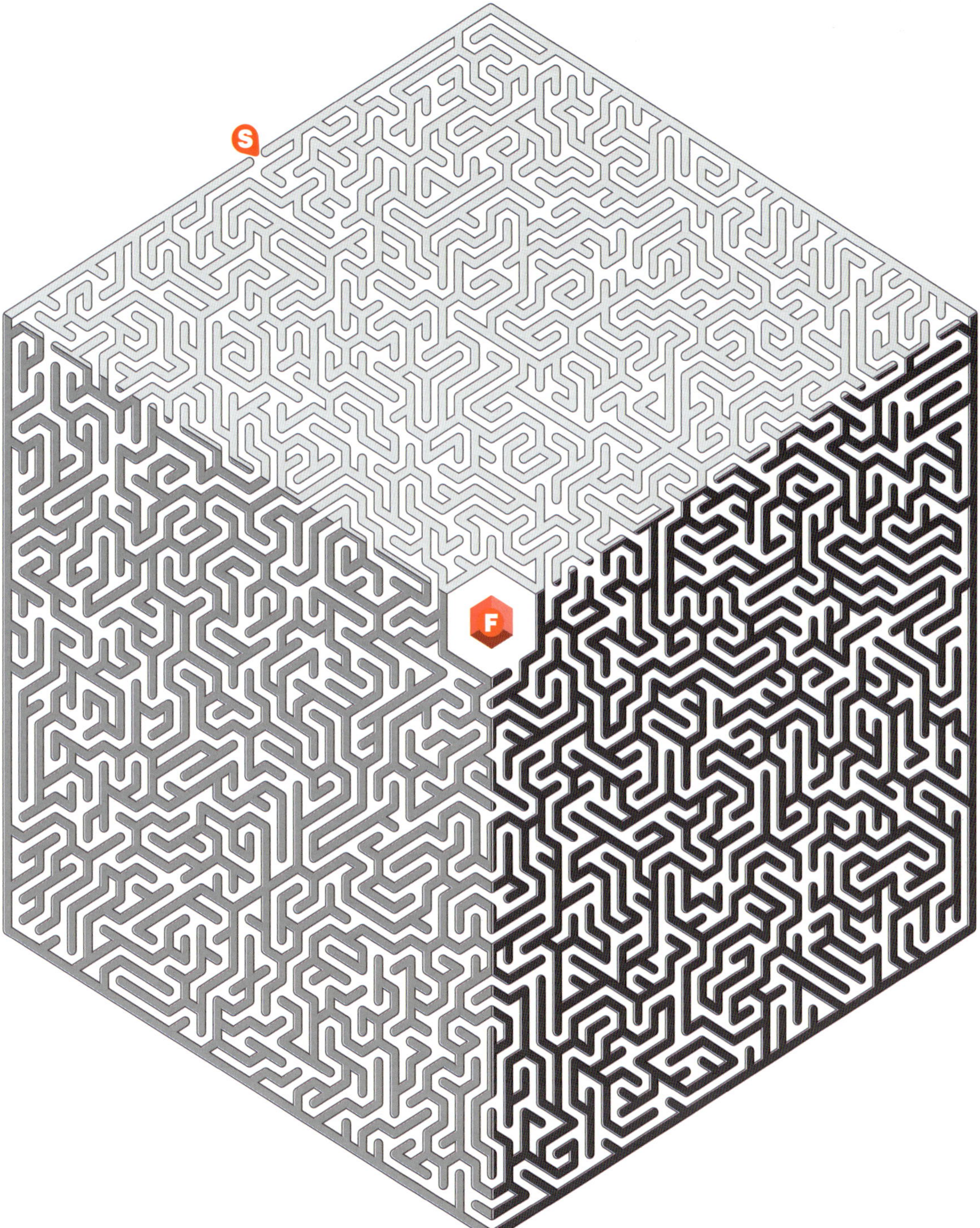

Escape the maze

S 출발 F 도착 소요시간 ______________

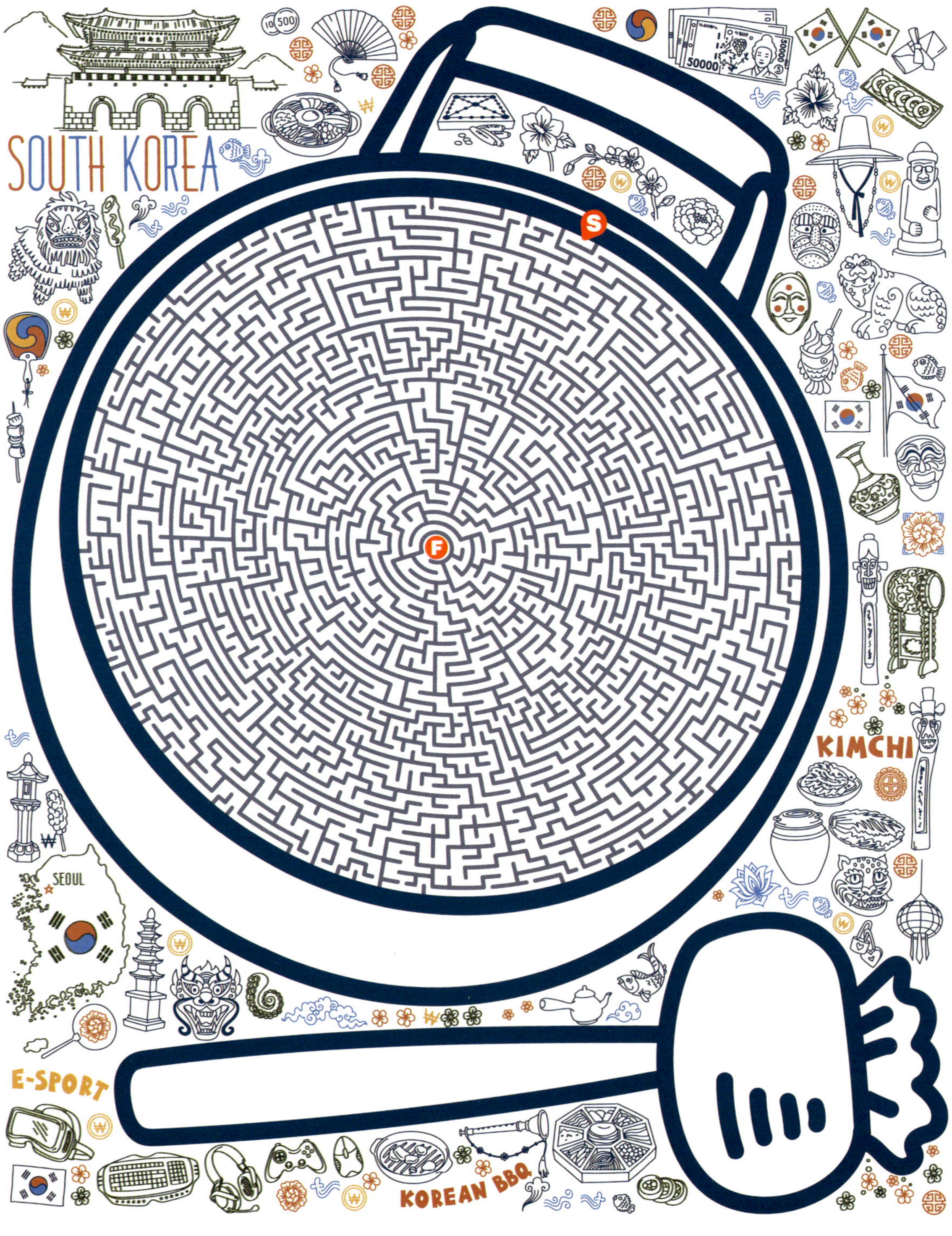

S 출발 F 도착 소요시간 ____________

Escape the maze

S 출발 F 도착 소요시간 ________

S 출발 F 도착 소요시간 ________

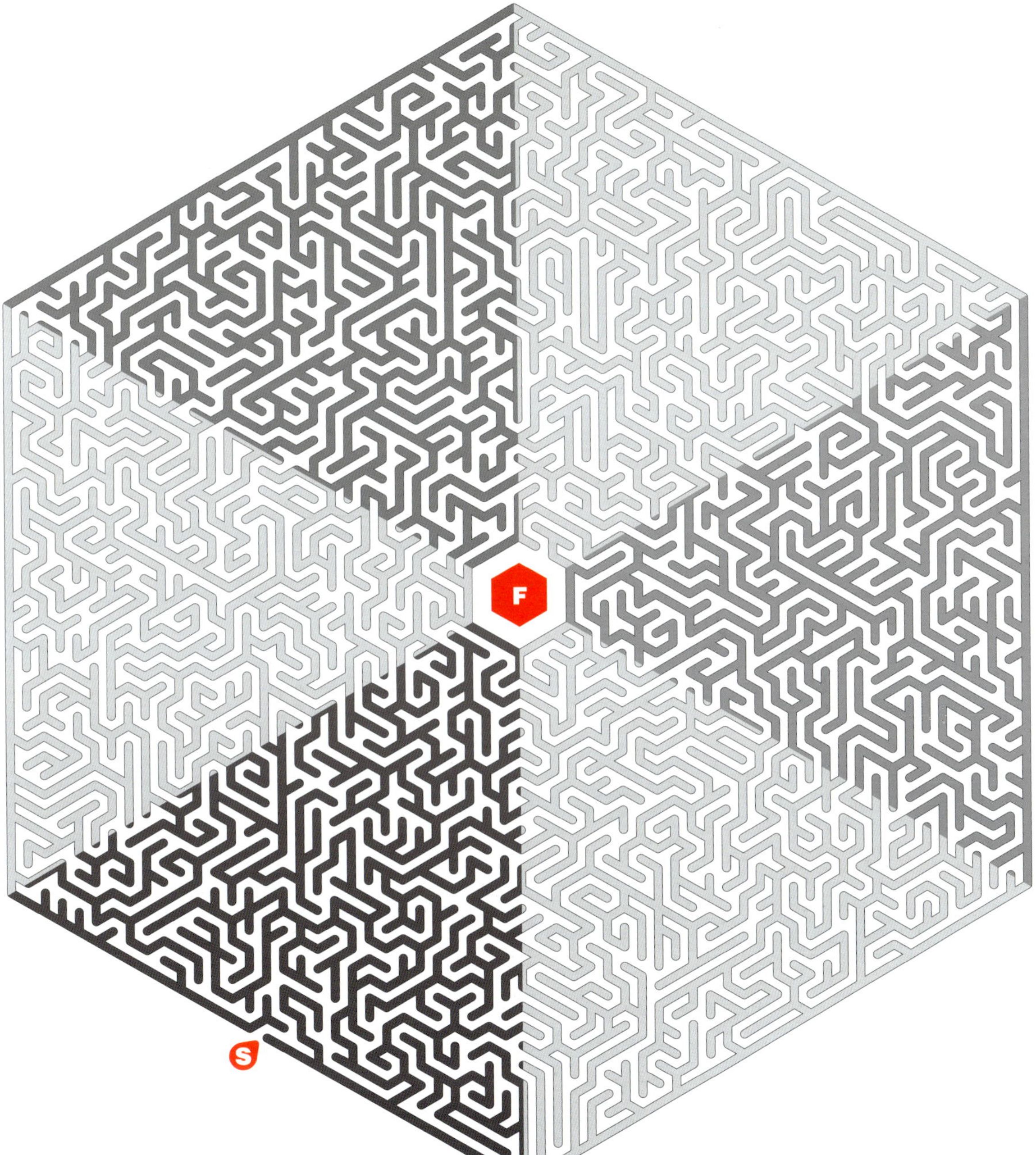

S 출발 F 도착 소요시간 ____________

S 출발 F 도착 소요시간

Escape the maze

S 출발 F 도착 소요시간 ______________

S 출발 F 도착 소요시간

S 출발 F 도착 소요시간 ______________

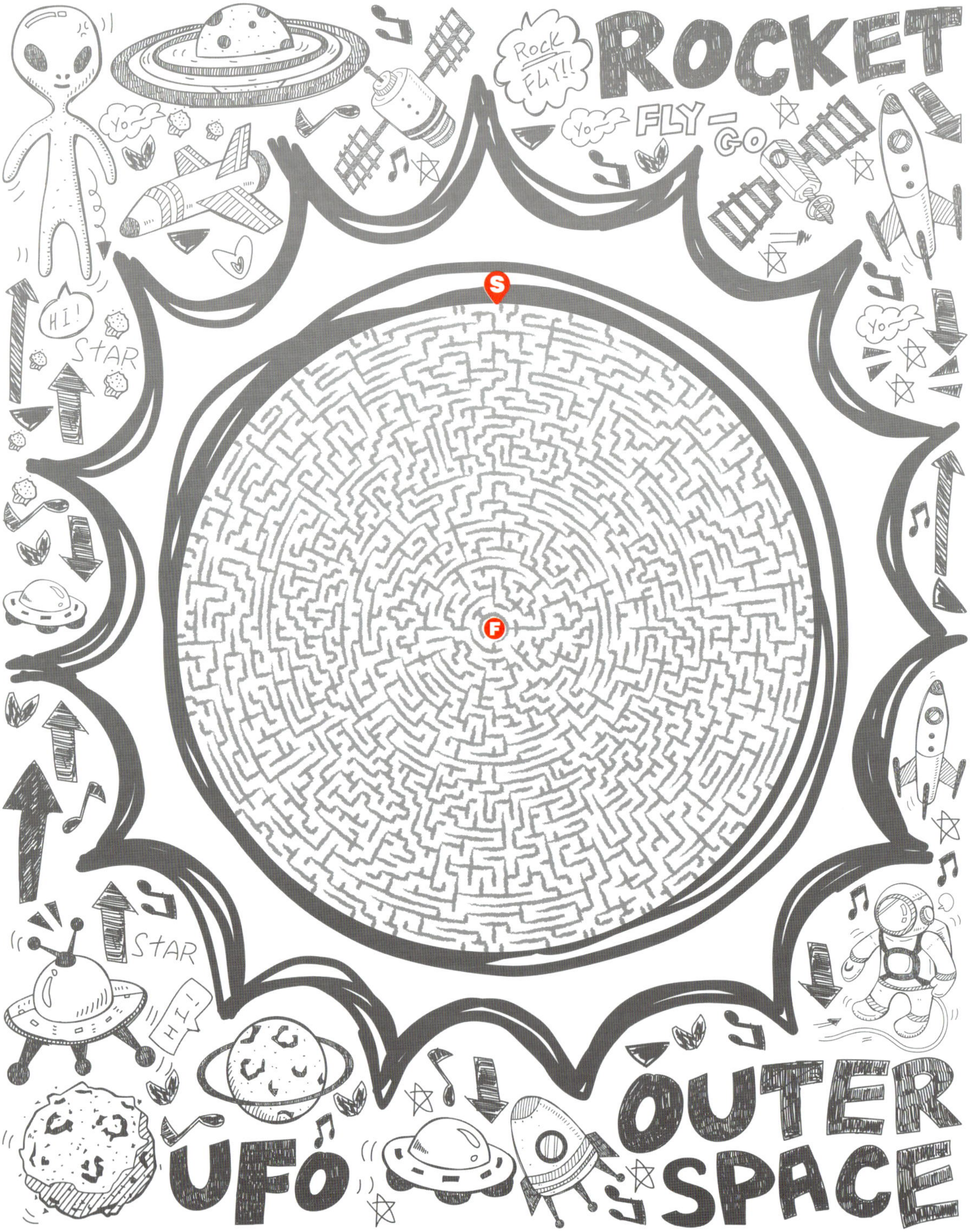
Rock
FLY!!
ROCKET
Yo
Yo
FLY
GO
Yo
HI!
STAR
S
F
STAR
HI!
UFO
OUTER
SPACE

S 출발 F 도착 소요시간 ____________

S 출발 F 도착 소요시간 ______________

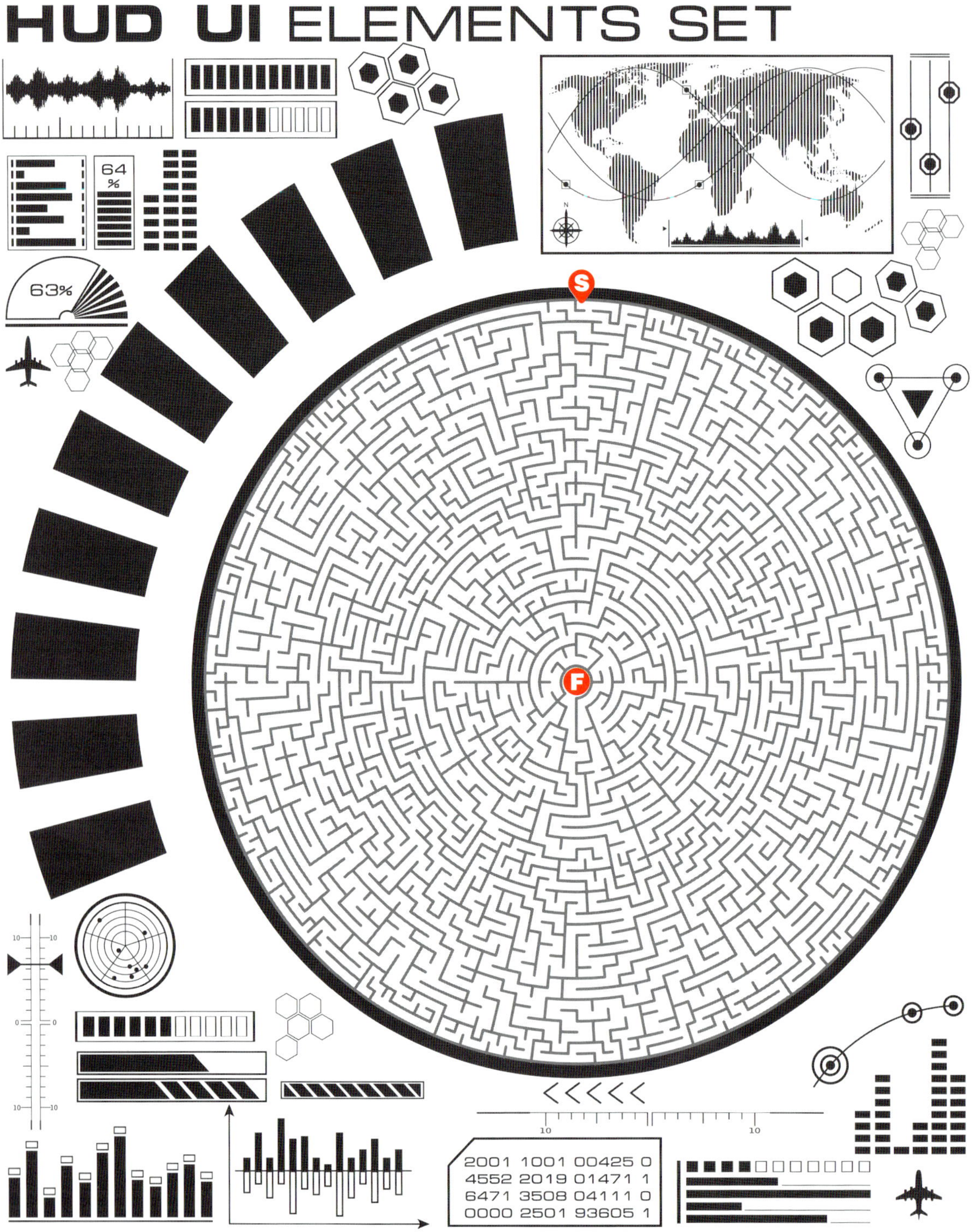
HUD UI ELEMENTS SET
64
%
63%
S
F
10
0
10
2001 1001 00425 0
4552 2019 01471 1
6471 3508 04111 0
0000 2501 93605 1

Ⓢ 출발 Ⓕ 도착 소요시간 ____________

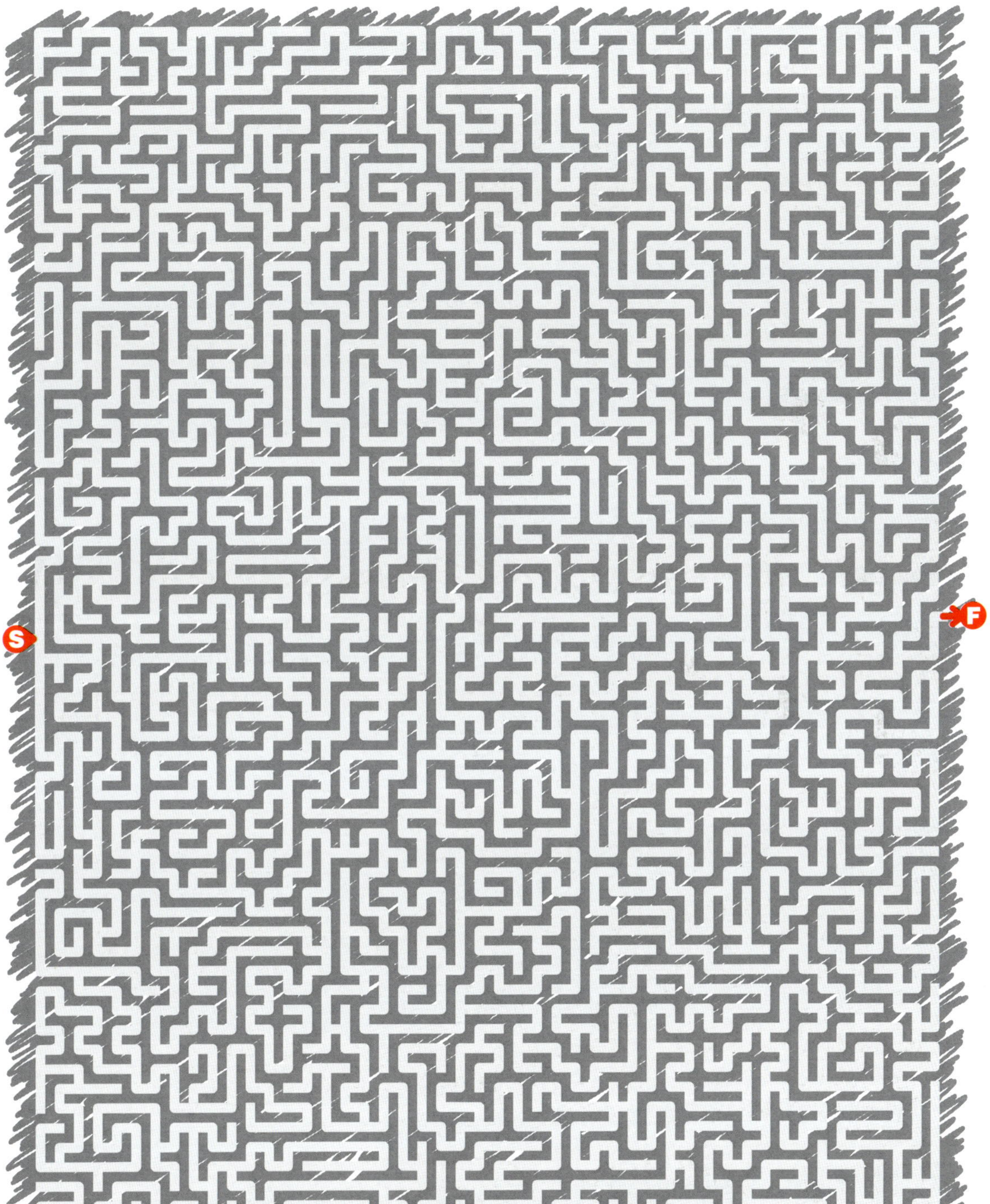

S 출발 F 도착 소요시간 ______________

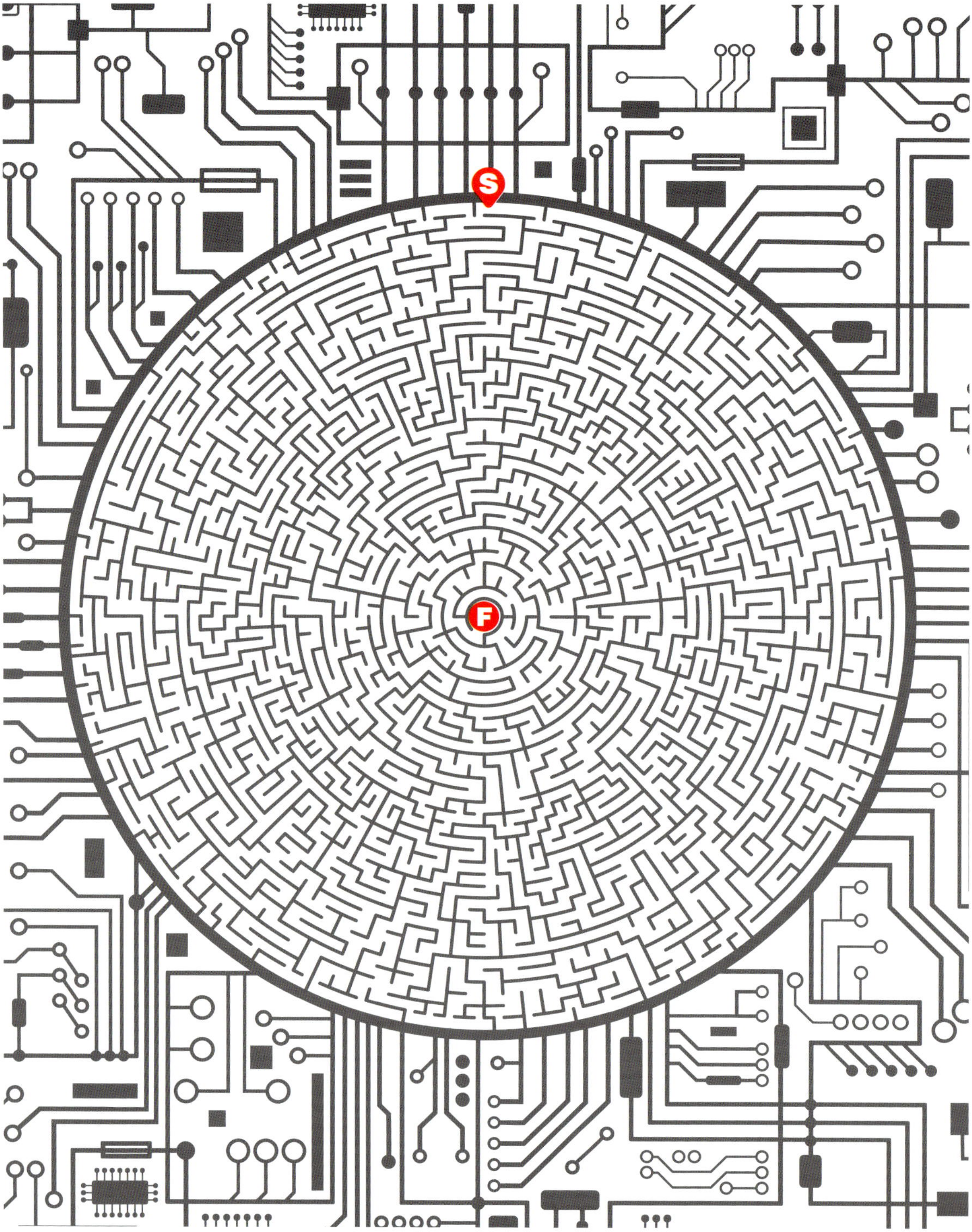

S 출발 F 도착 소요시간 ____________________

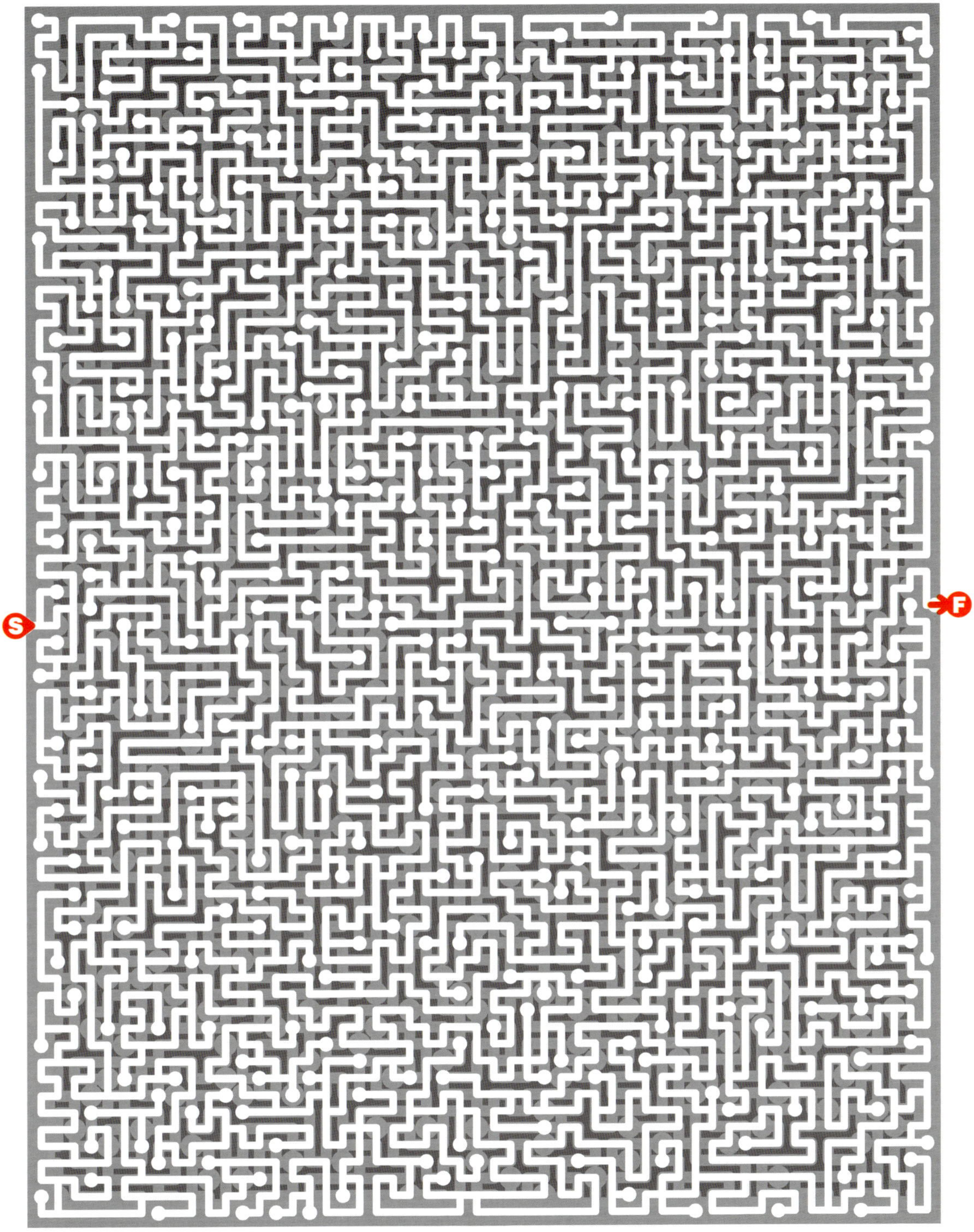

S 출발 F 도착 소요시간 ____________

S 출발 F 도착 소요시간 ____________

Escape the maze

S 출발 F 도착 소요시간 ____________

S 출발 F 도착 소요시간 ______

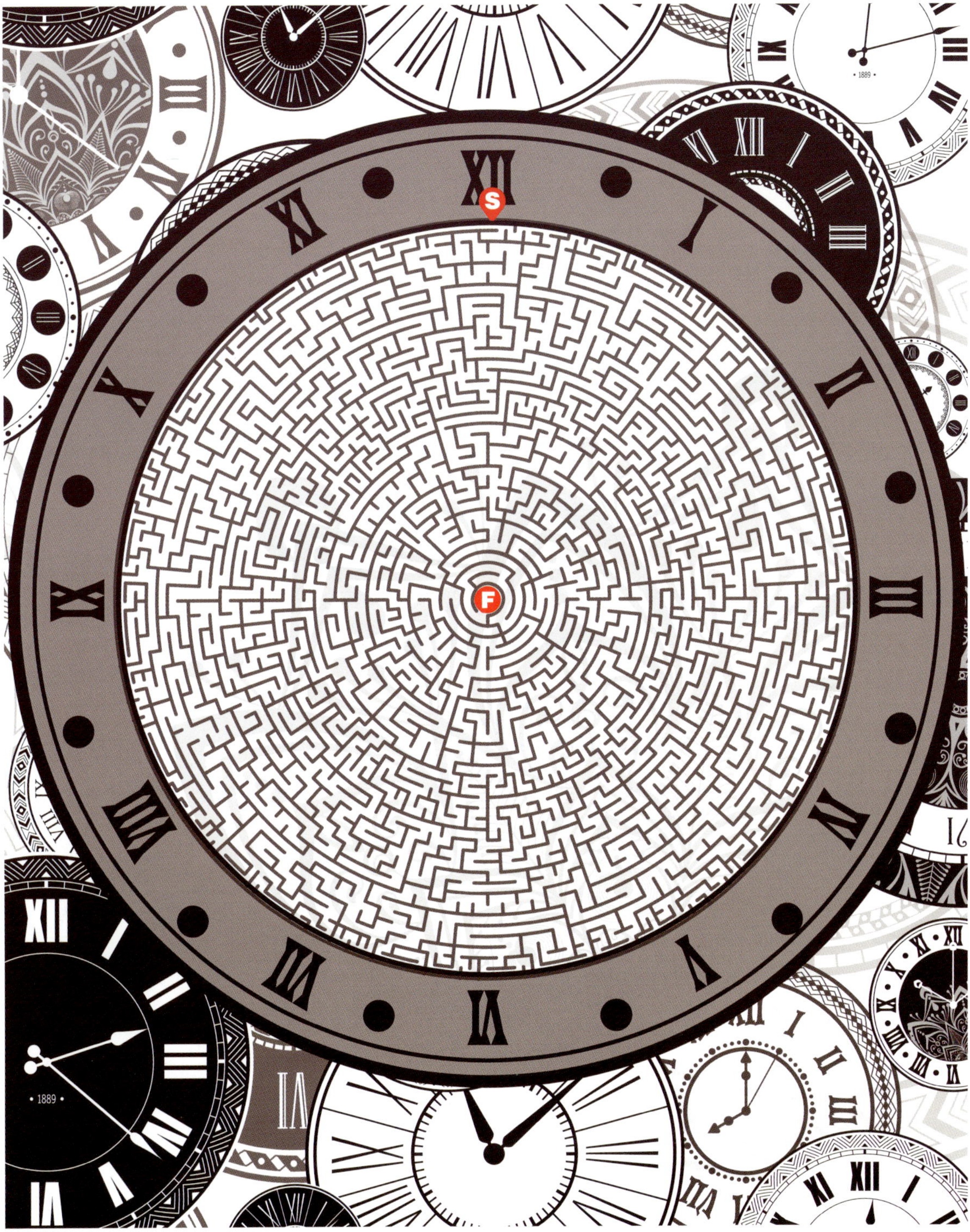

S 출발 F 도착 소요시간 ____________

S 출발 F 도착 소요시간 ____________

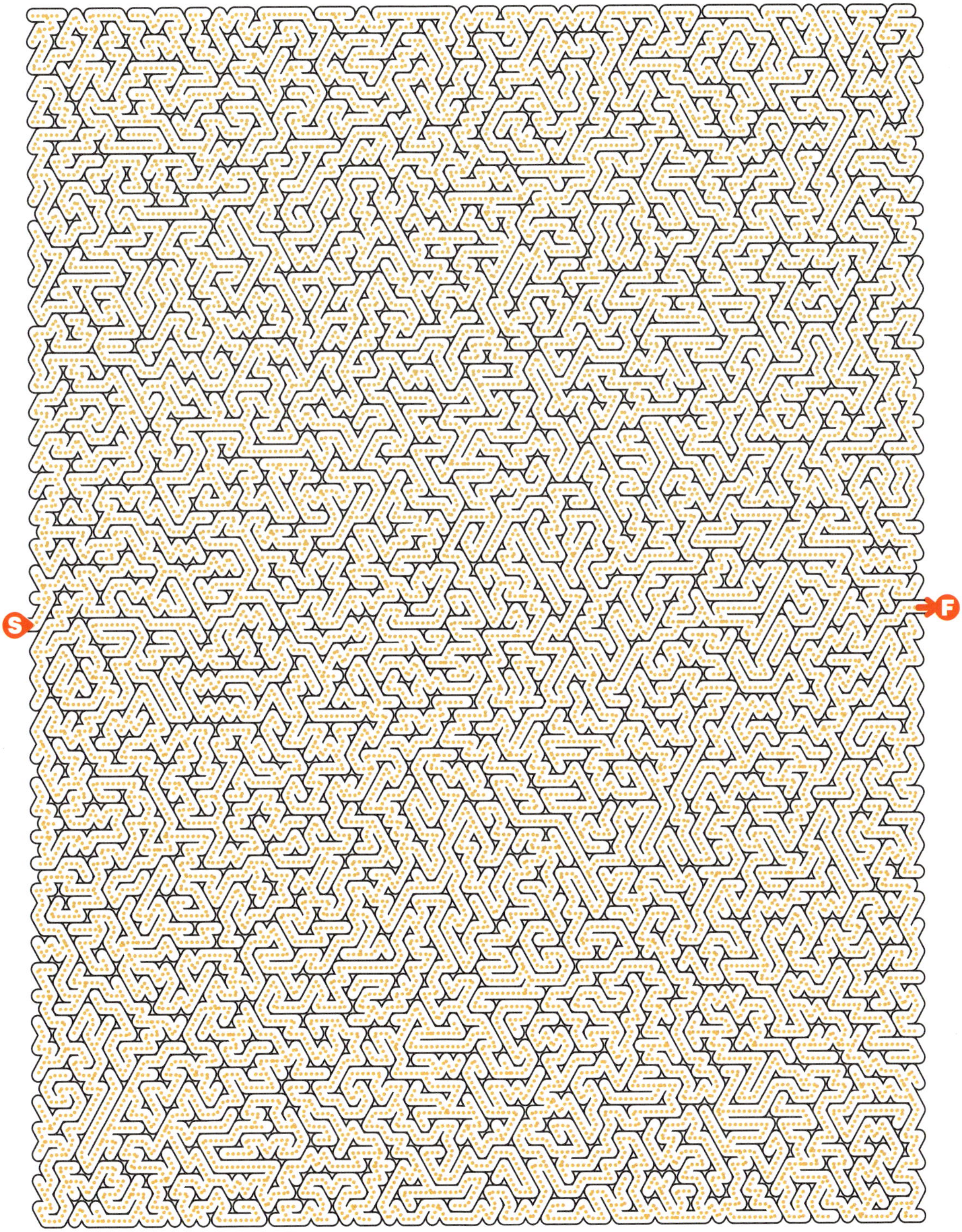

Escape the maze

S 출발 F 도착 소요시간 ____________

S 출발 F 도착 소요시간 ______________

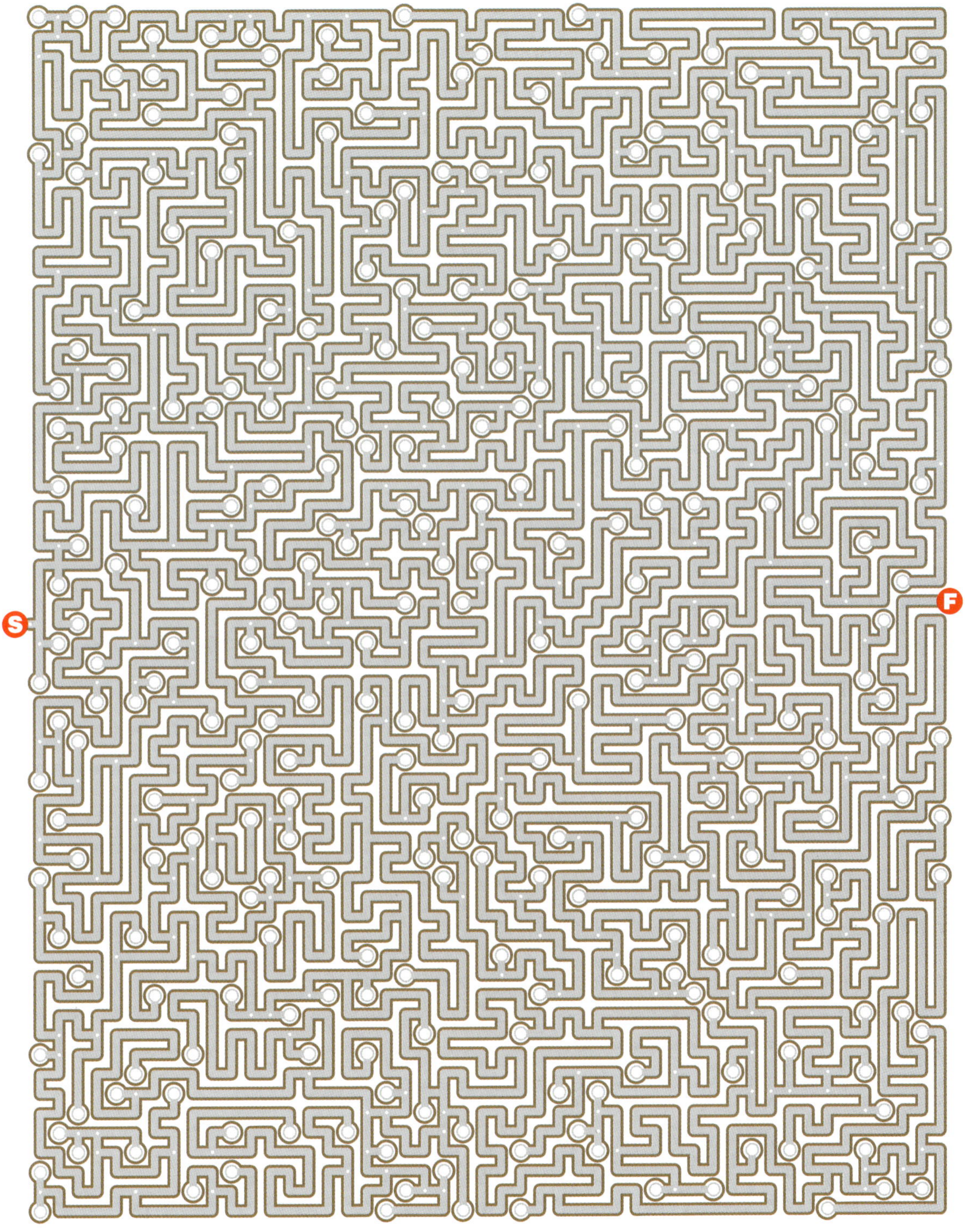

S 출발 F 도착 소요시간 ____________

S 출발 F 도착 소요시간 ____________

Ⓢ 출발 Ⓕ 도착 소요시간 ____________

Ⓢ 출발 Ⓕ 도착 소요시간 ______________

 Escape the maze

S 출발 F 도착 소요시간 ____________

S 출발 F 도착 소요시간 ____________

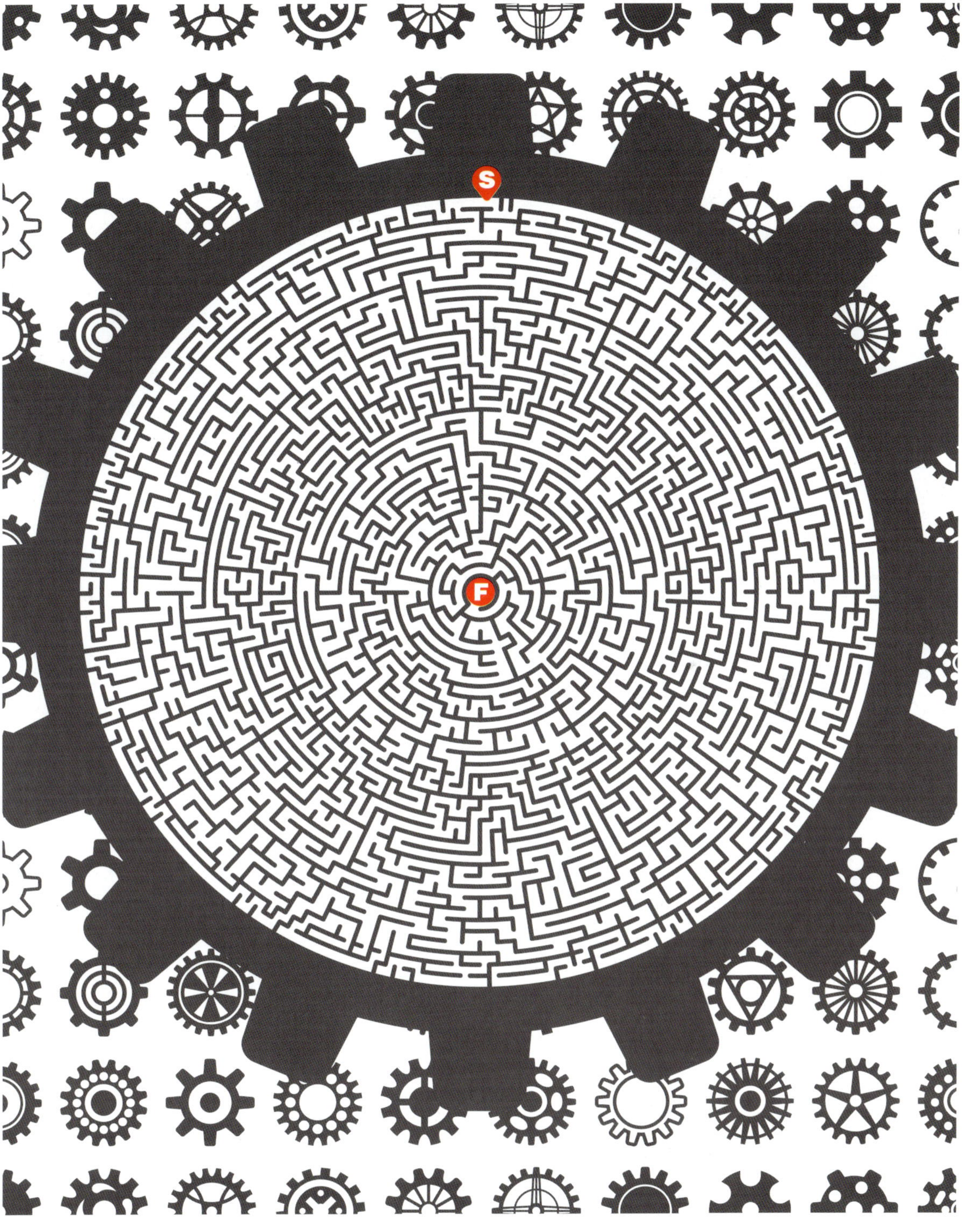

Digital Detox **Escape the maze**

S 출발 F 도착 소요시간 ______________

S 출발 F 도착 소요시간 ______________

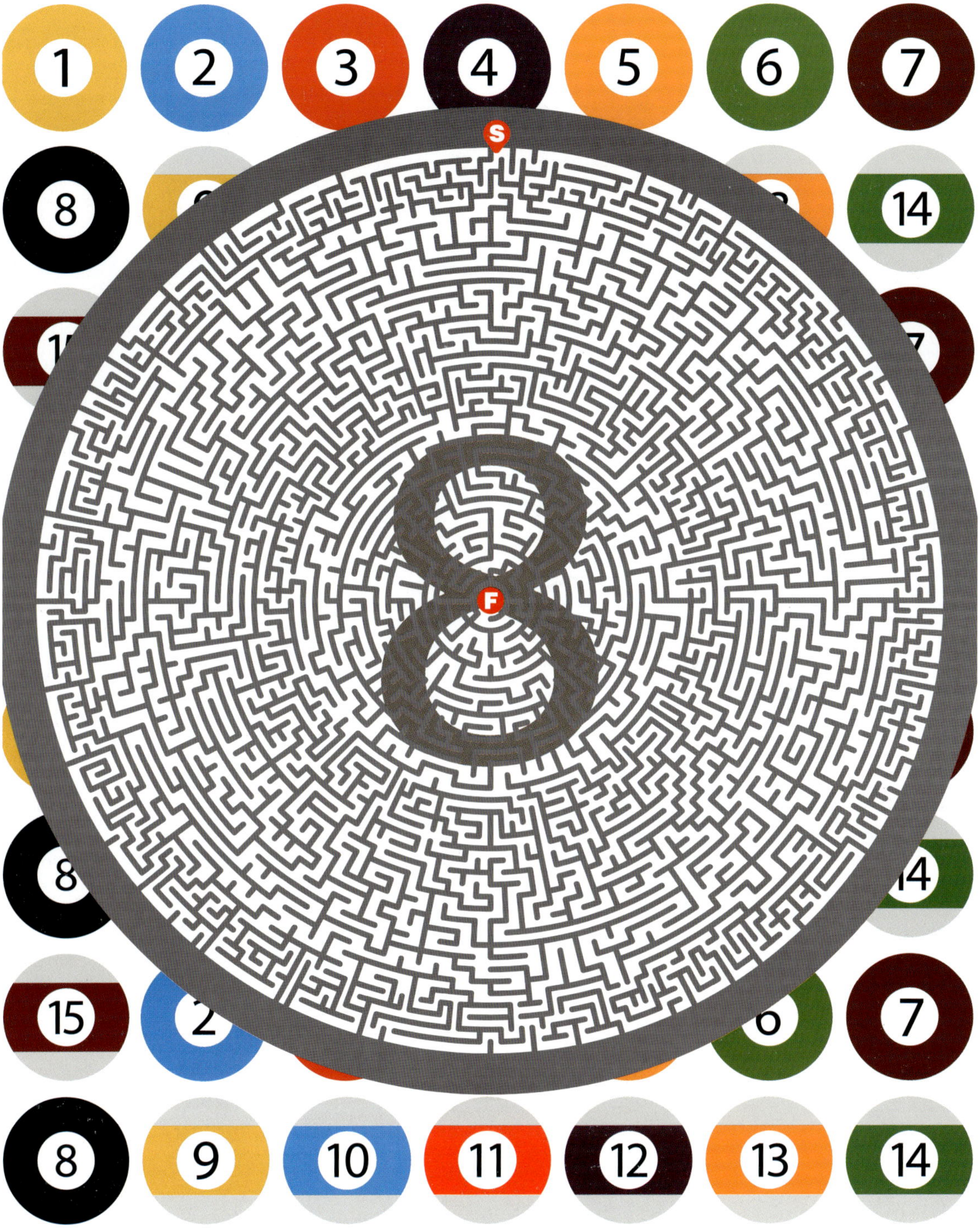

S 출발 F 도착 소요시간 ________________

S 출발 F 도착 소요시간 ______________

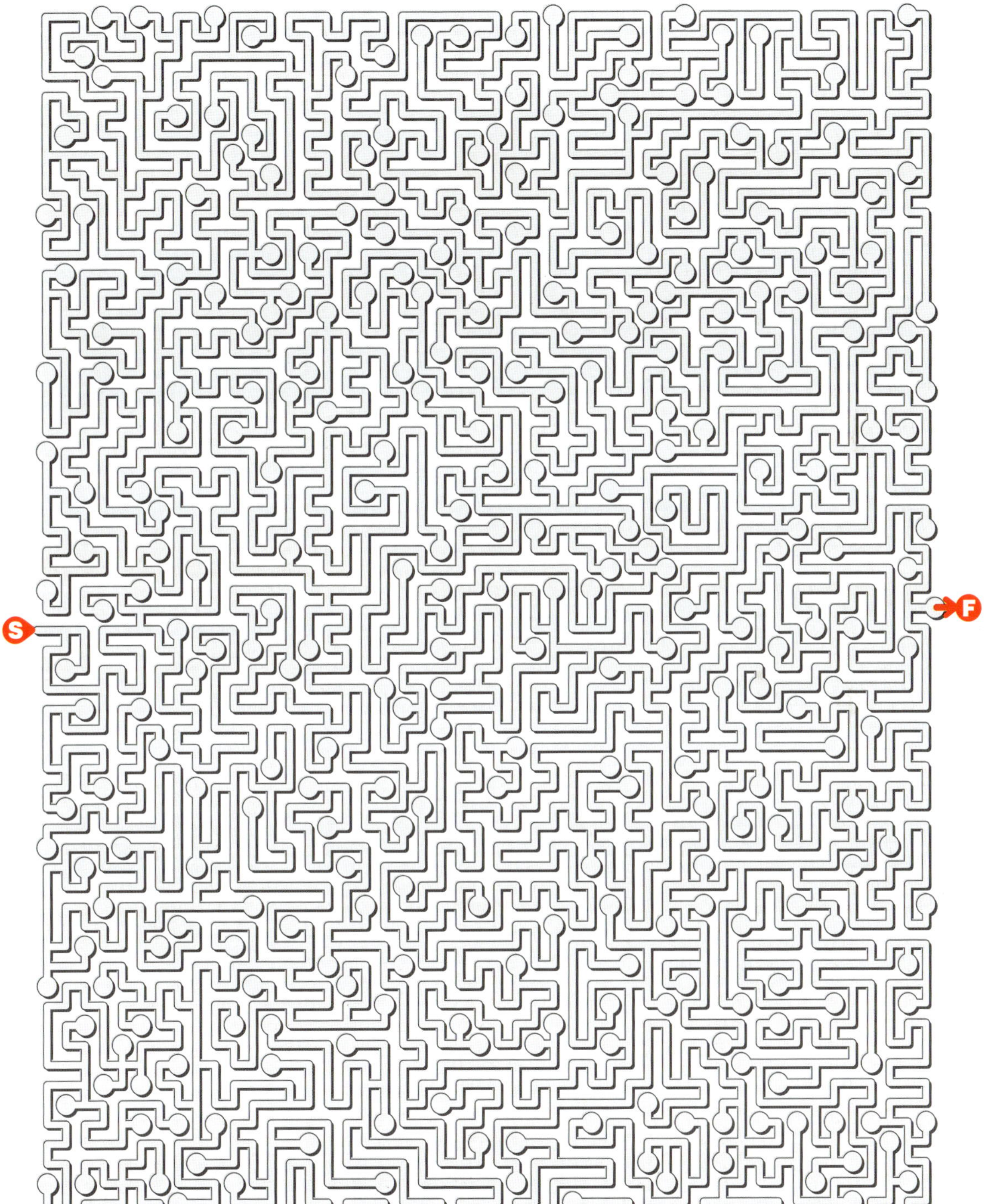

S 출발 F 도착 소요시간 ______________

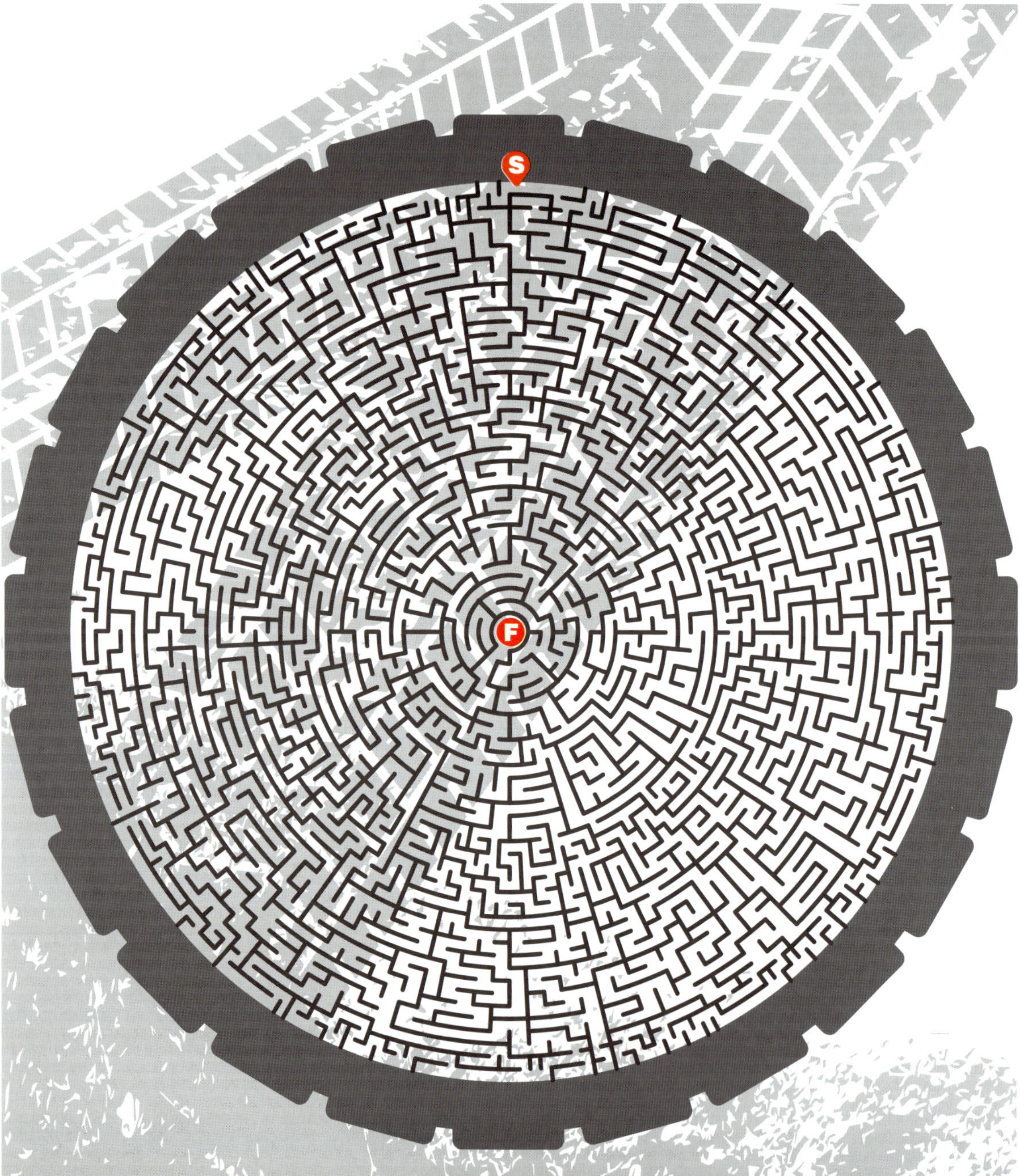

TIRE TRACKS

S 출발 F 도착 소요시간 ______________

Escape the maze

Ⓢ 출발 Ⓕ 도착 소요시간 ____________

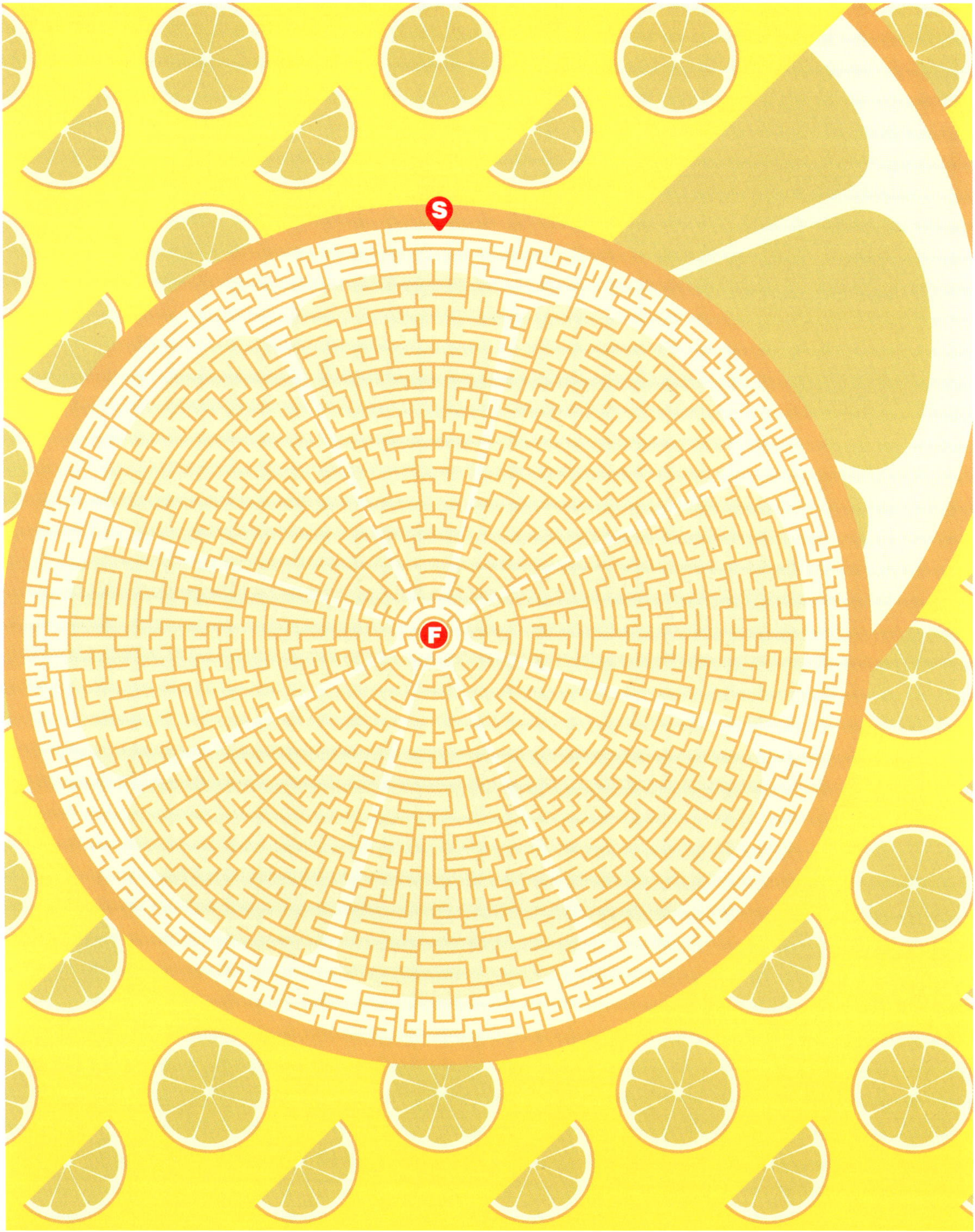

S 출발 F 도착 소요시간 ____________

S 출발 F 도착 소요시간 ____________

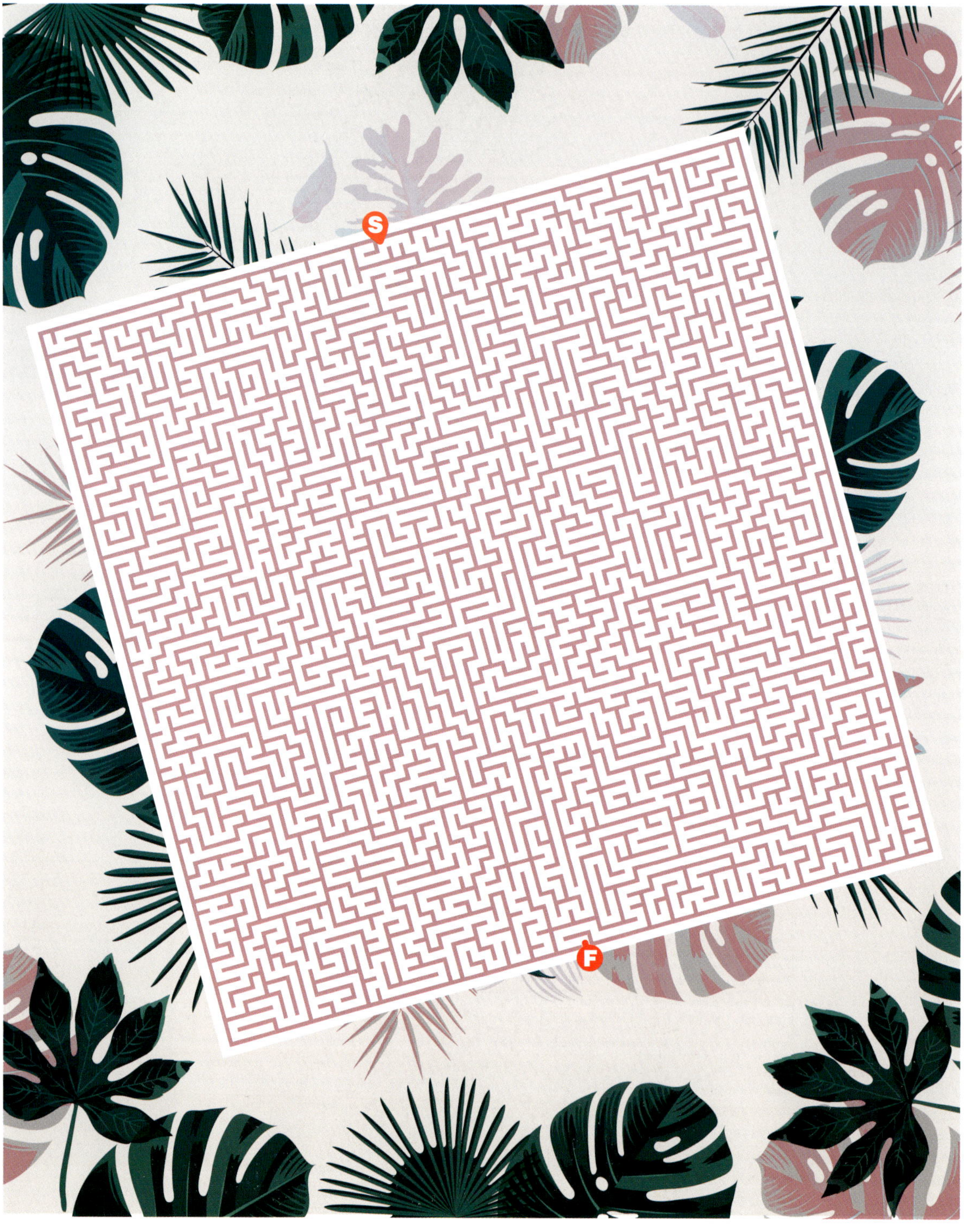

S 출발 F 도착 소요시간 ______________

S 출발 F 도착 소요시간 ____________

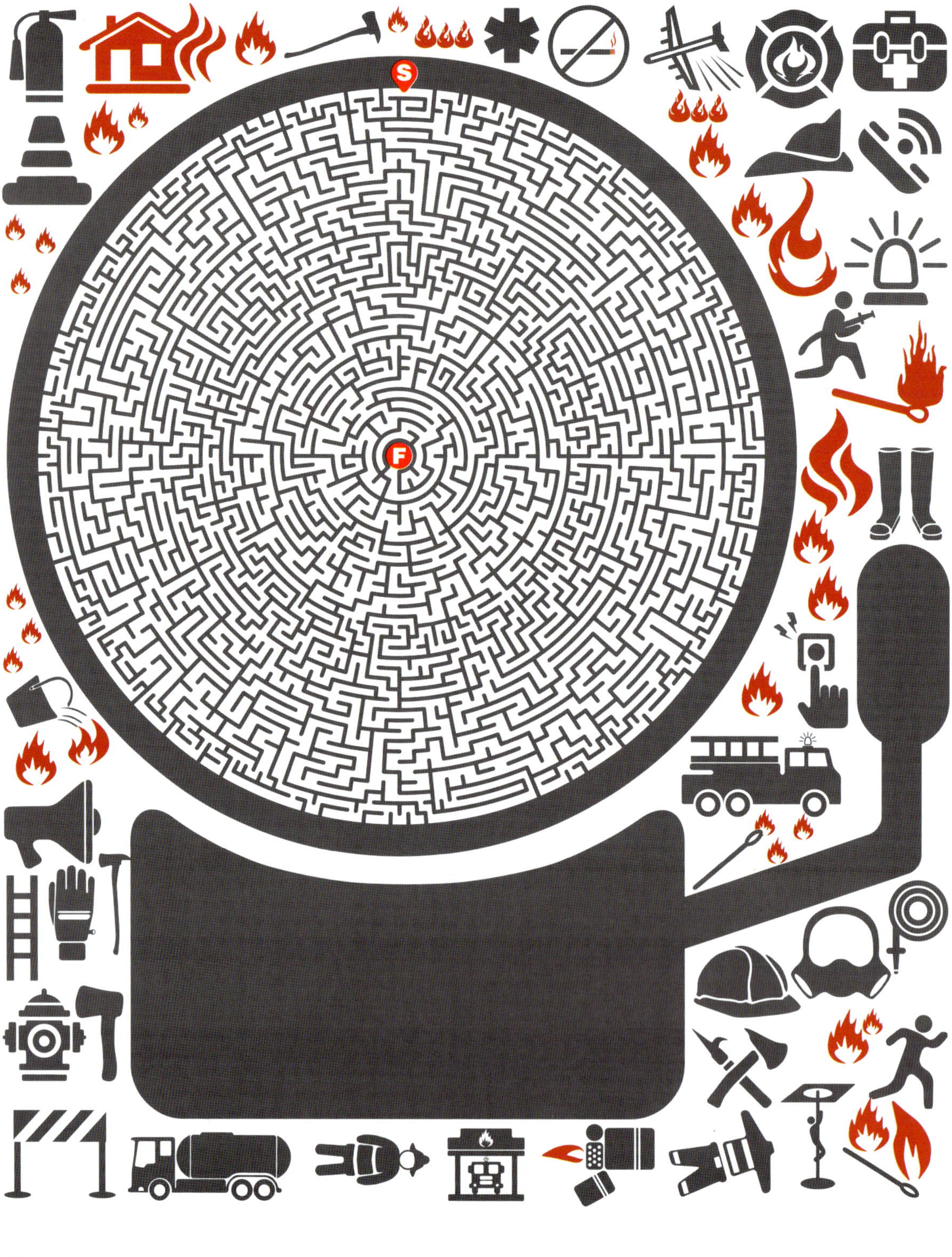

S 출발 F 도착 소요시간 ____________

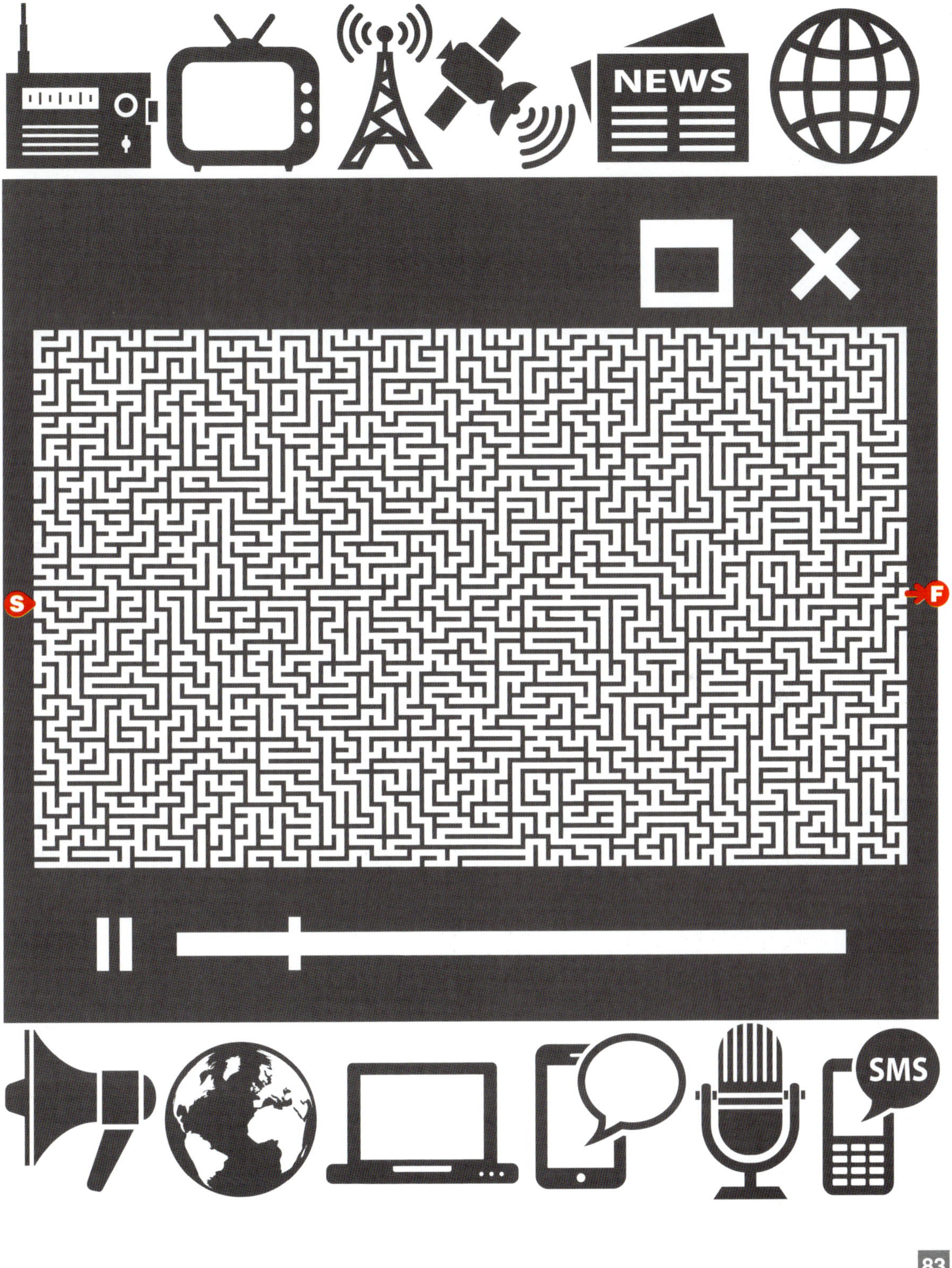

Digital Detox **Escape the maze**

S 출발 F 도착 소요시간 ____________

S 출발 F 도착 소요시간 ____________

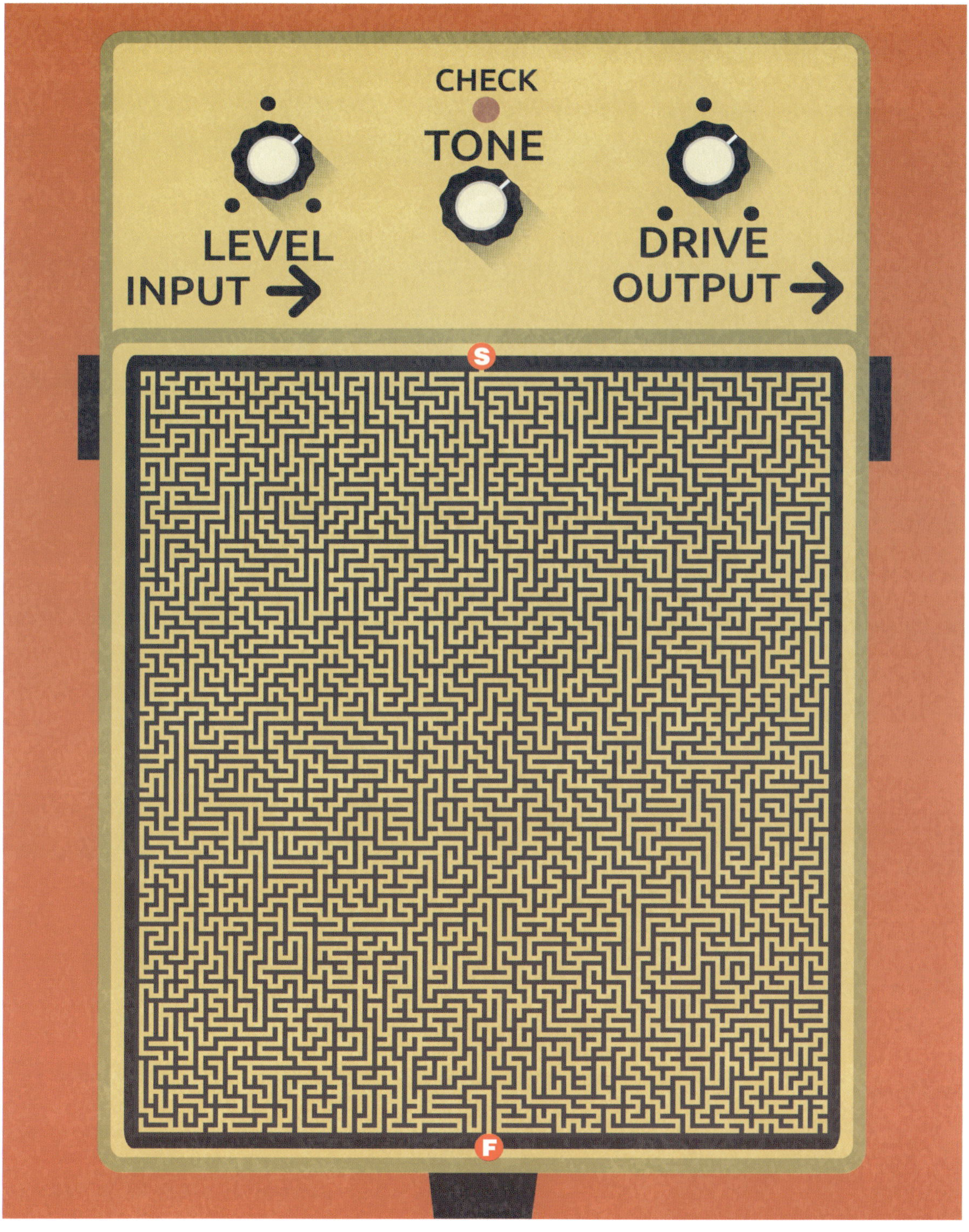

S 출발 F 도착 소요시간 ____________

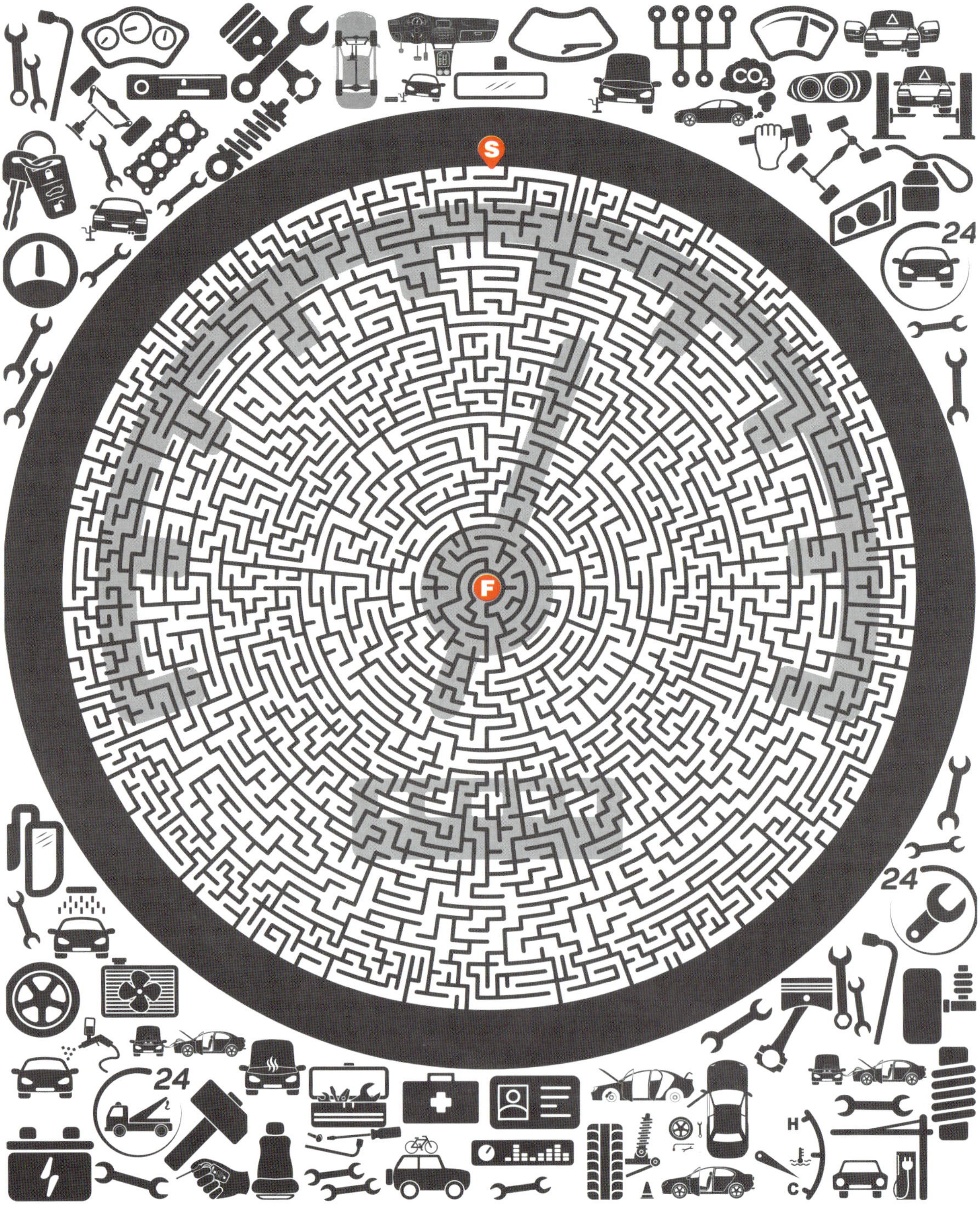

S 출발 F 도착 소요시간 ____________

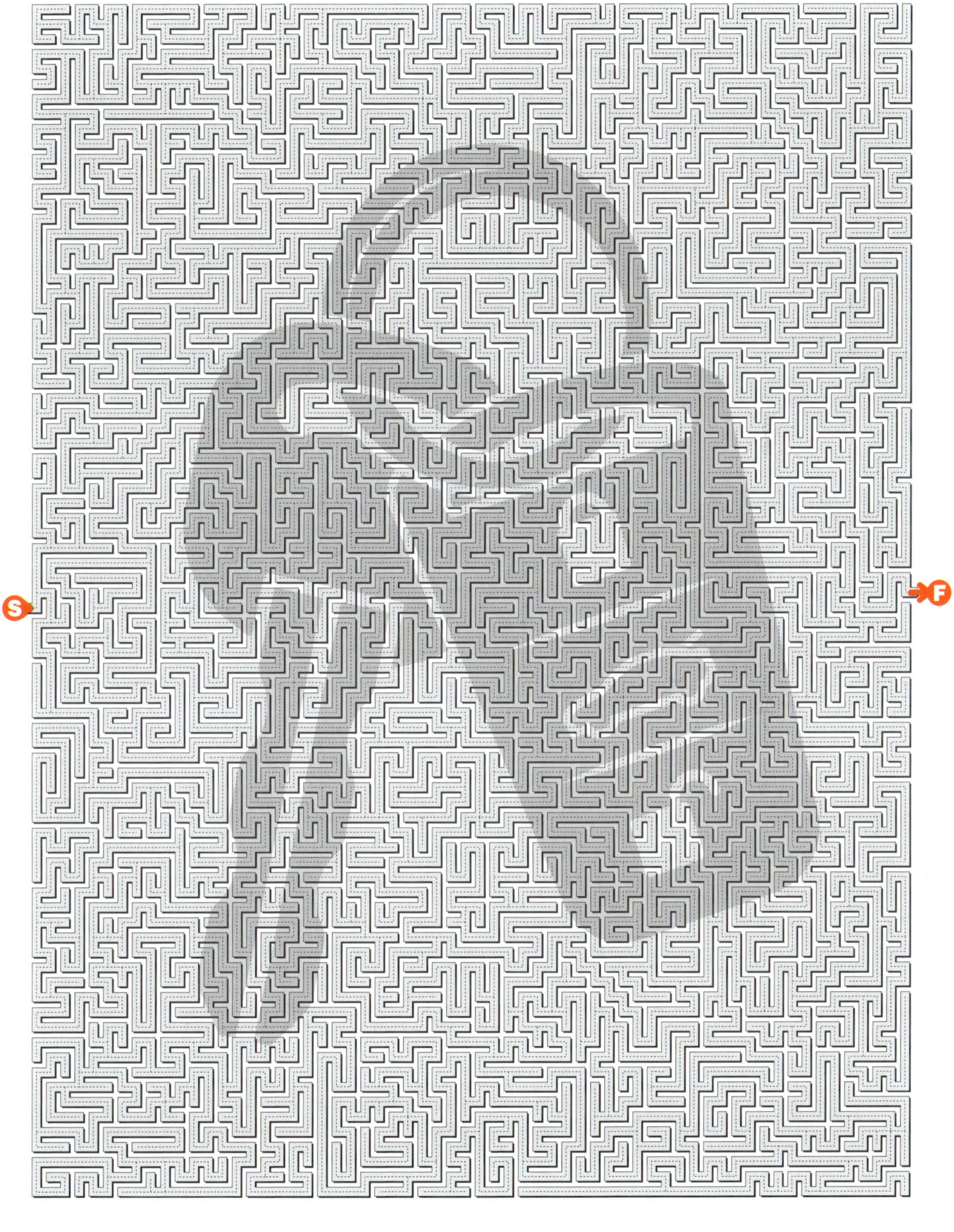

S 출발 F 도착 소요시간 ____________

S 출발 F 도착 소요시간 ____________

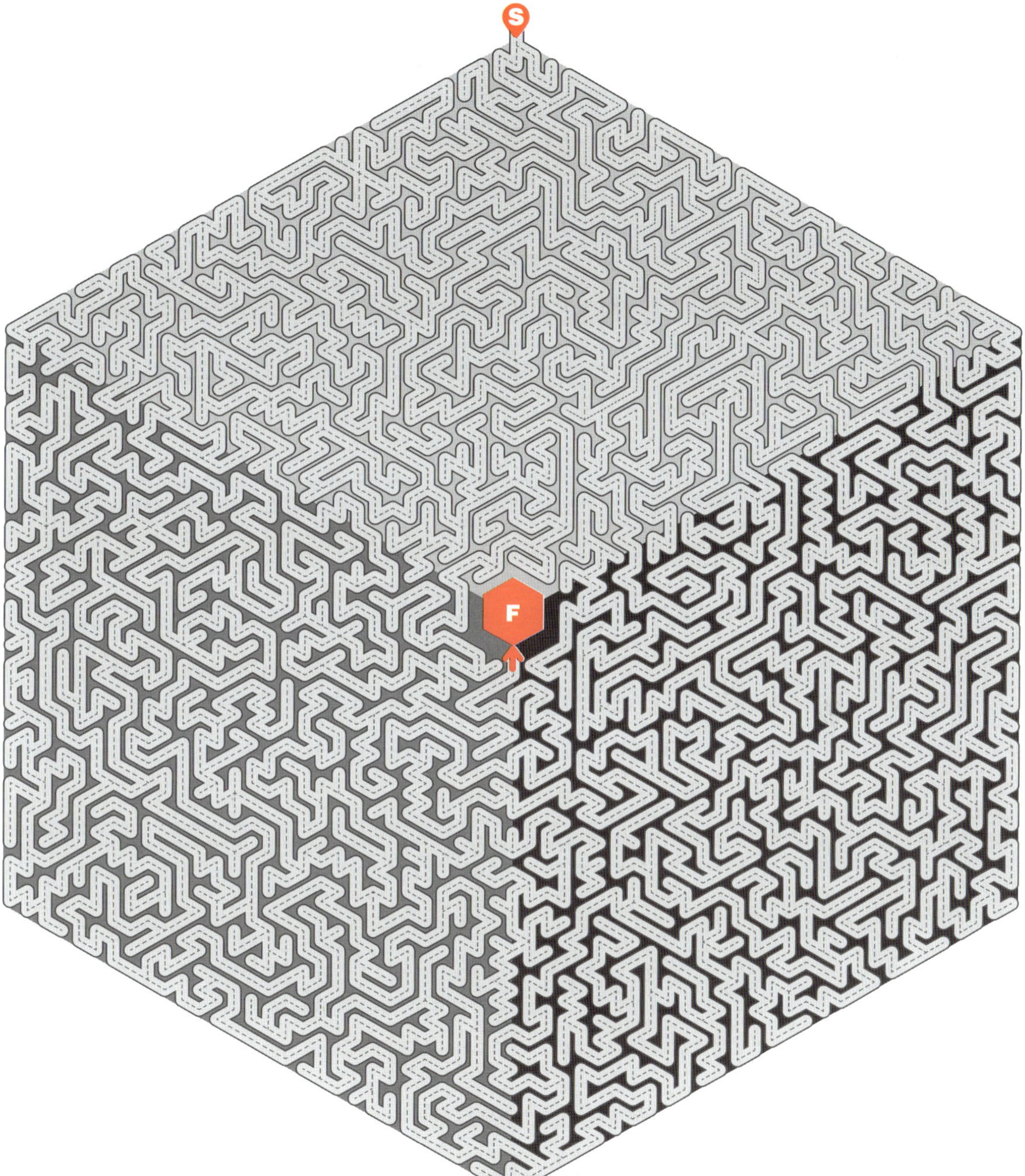

S 출발 F 도착 소요시간 ____________

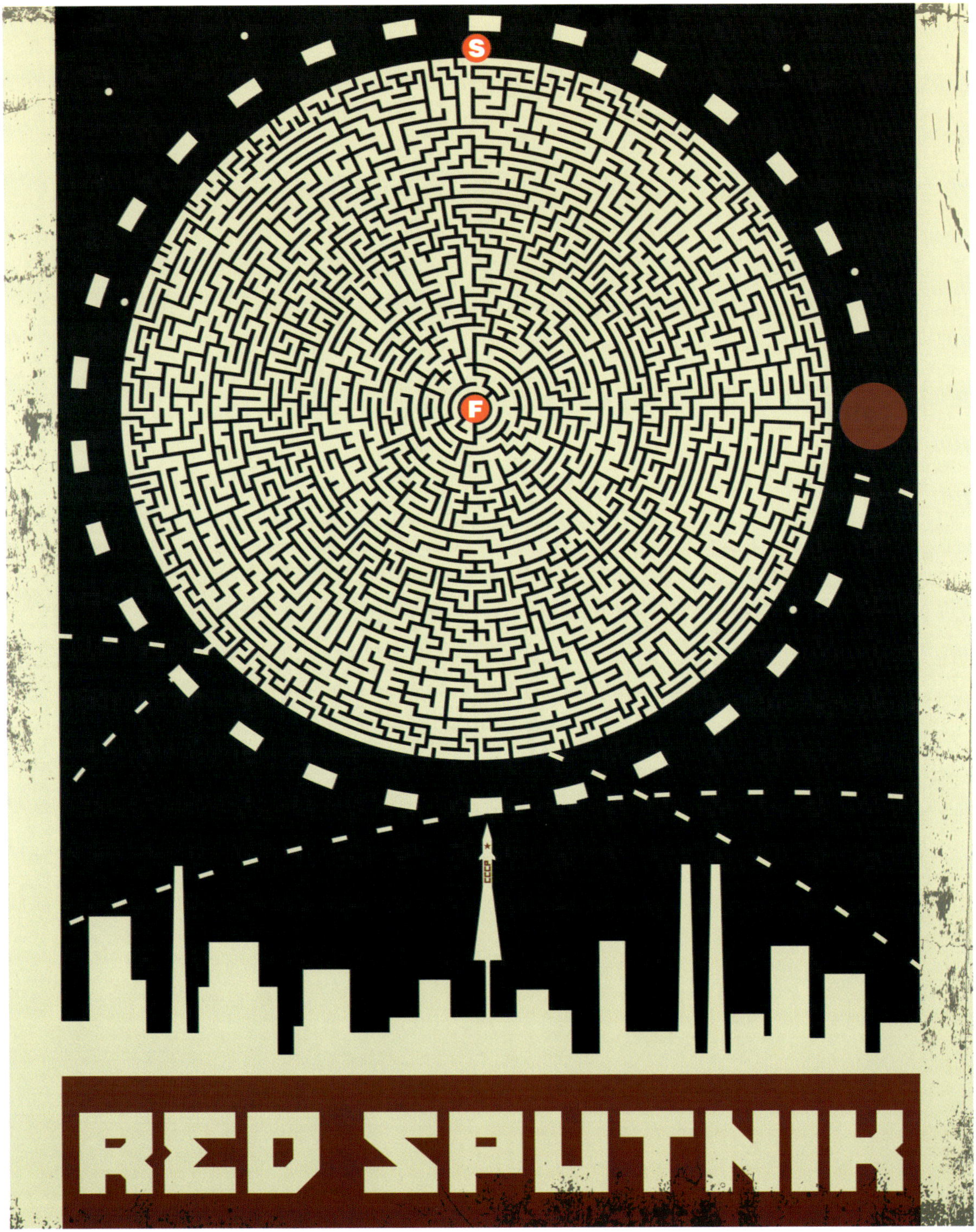

S 출발 F 도착 소요시간 ____________

Escape the maze

S 출발 F 도착 소요시간 ____________

S 출발 F 도착 소요시간 ______________

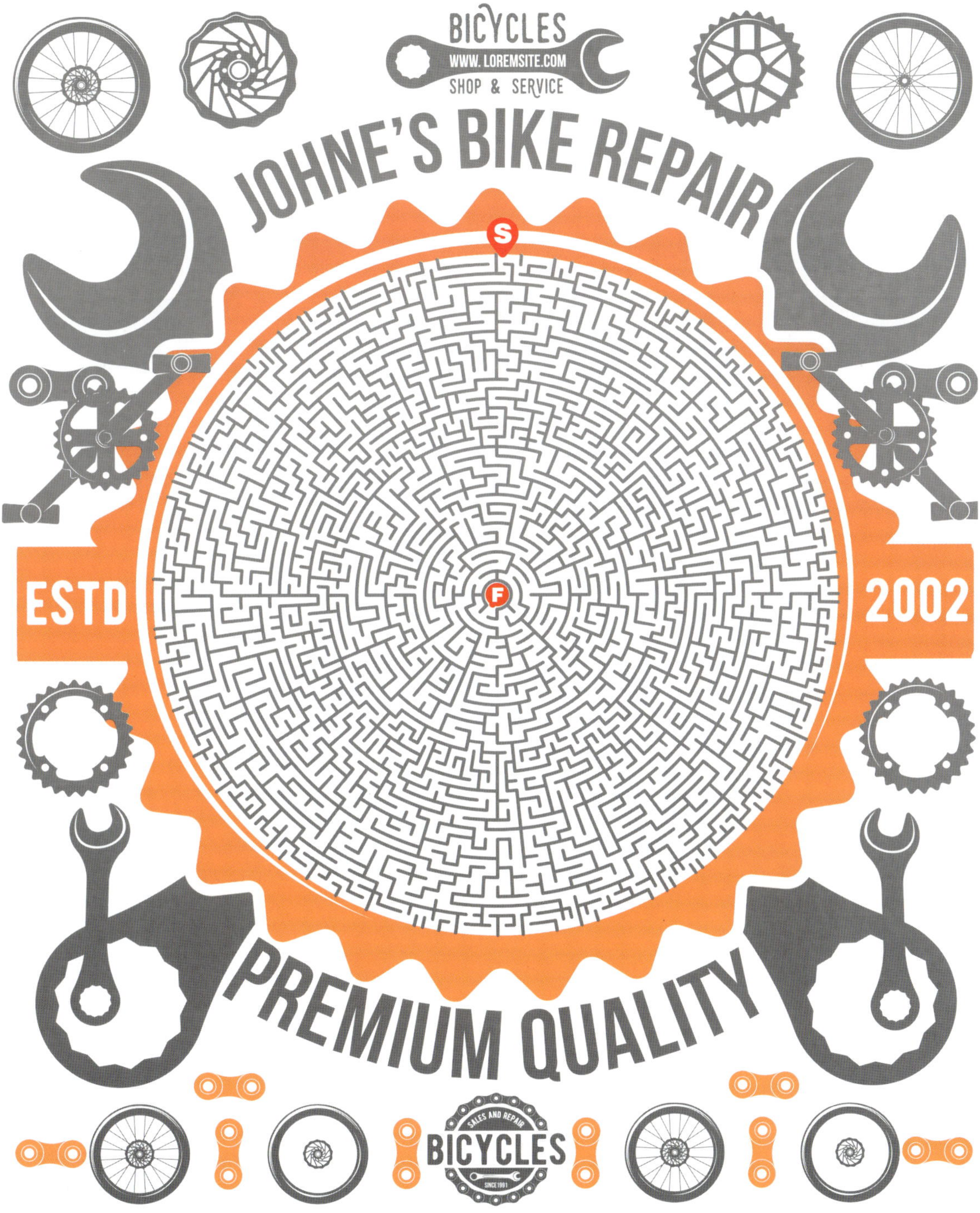
BICYCLES
WWW. LOREMSITE.COM
SHOP & SERVICE
JOHNE'S BIKE REPAIR
S
F
ESTD
2002
PREMIUM QUALITY
SALES AND REPAIR
BICYCLES
SINCE 1991

S 출발 F 도착 소요시간 ______

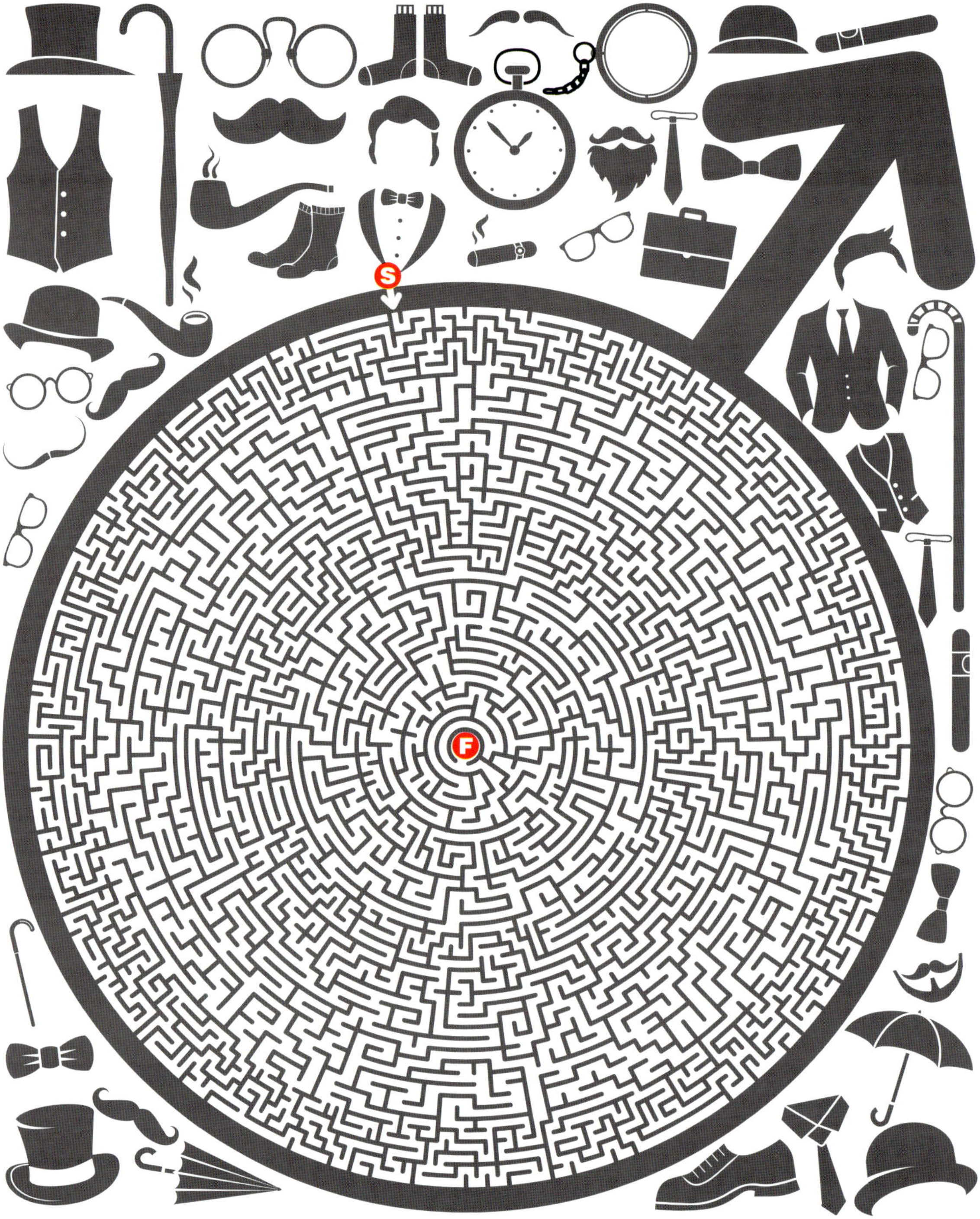

S 출발 F 도착 소요시간 ____________

S 출발 F 도착 소요시간 ____________

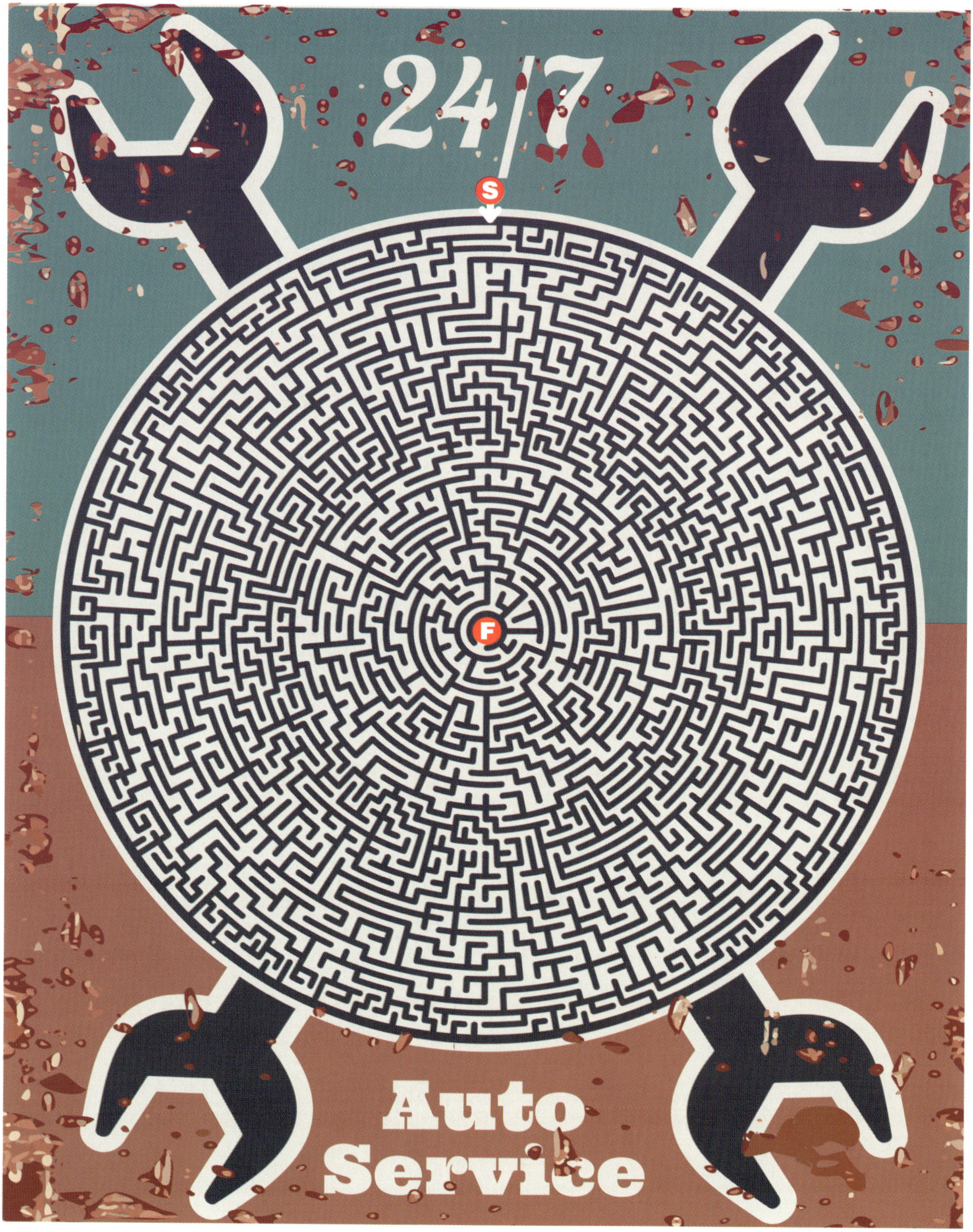

S 출발 F 도착 소요시간 ____________

S 출발 F 도착 소요시간 ____________

S 출발 F 도착 소요시간 ____________

S 출발 F 도착 소요시간 ______________

SUPREME SOUND
LET'S ROCK
LET'S ROCK
S
F
TALKING RADIO
SUPREME SOUND

S 출발 F 도착 소요시간 ____________________

S 출발 F 도착 소요시간 ______

CHECK
LEVEL
TONE
BOTTOM
DIST
GAIN
BOOST
MIN MAX
MIN MAX
MIN MAX
MIN MAX
INPUT
OUTPUT
S
F

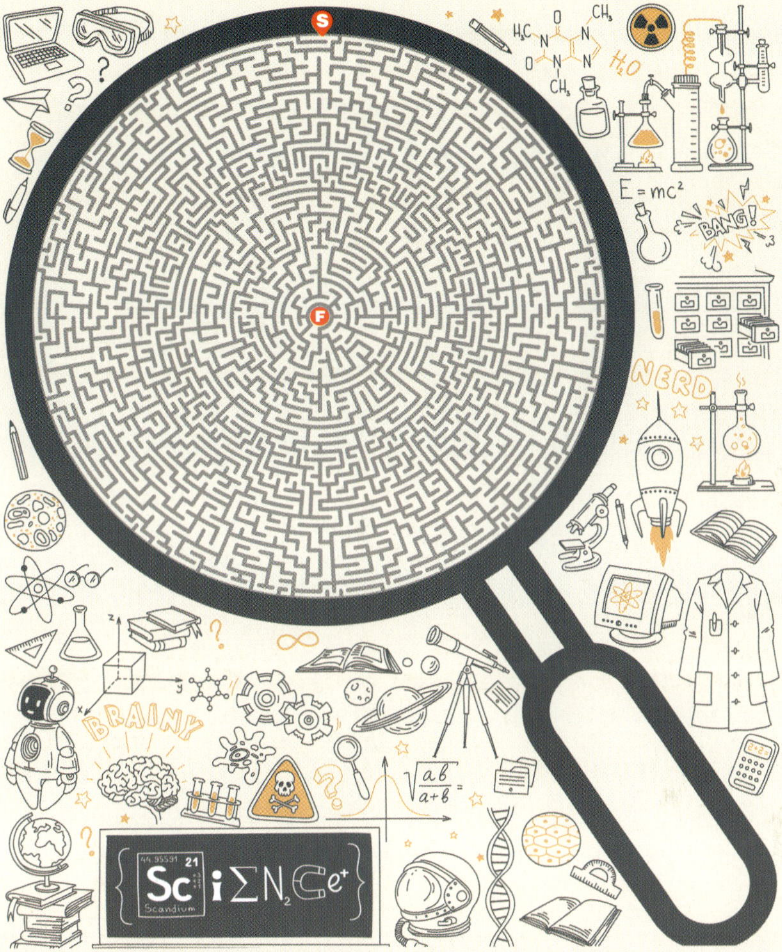

쉴수록 좋아지는 나의 뇌

미로를 탈출하라

디지털 세상으로부터 뇌를 탈출시켜드립니다

해답

P. 4

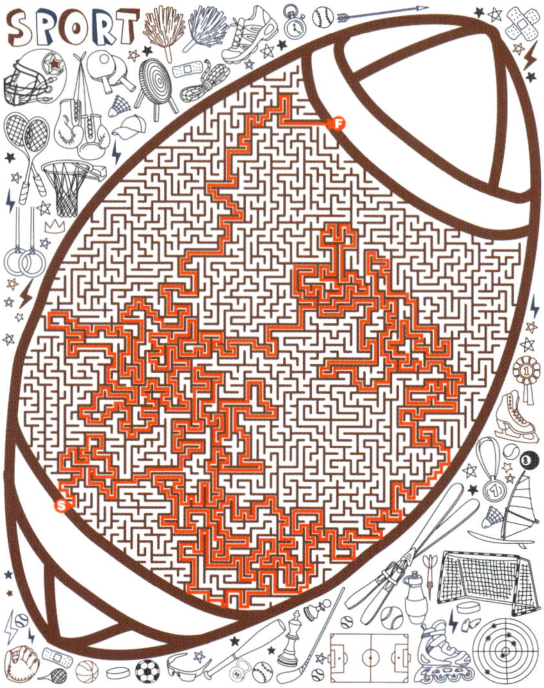

P. 5

P. 6

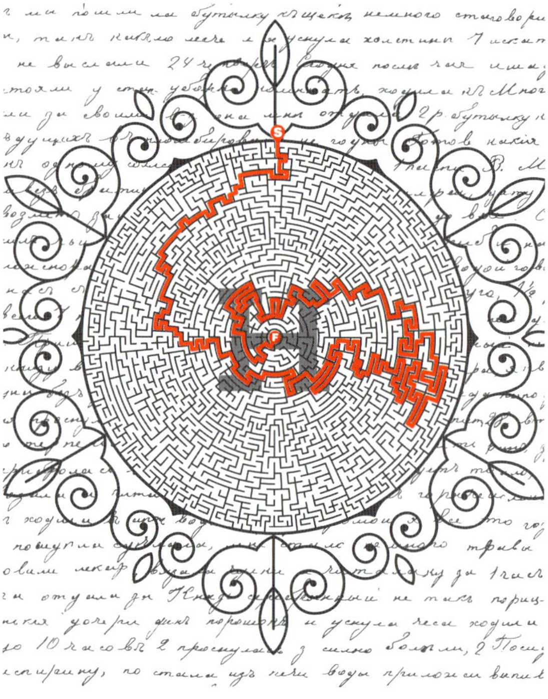

P. 7

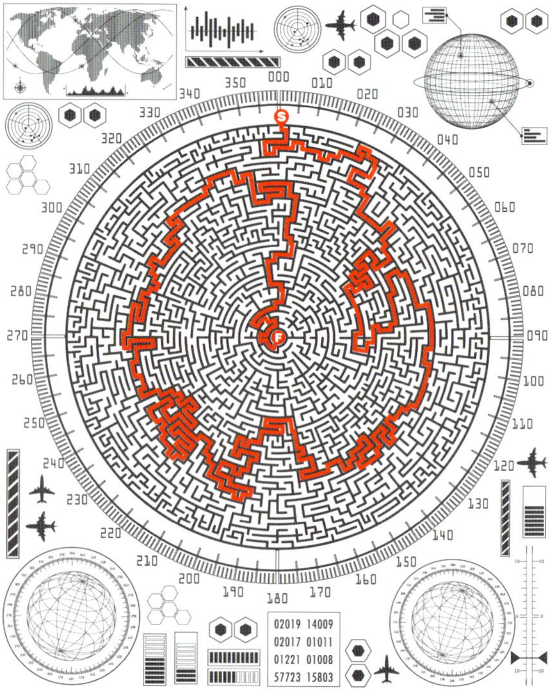

P. 8

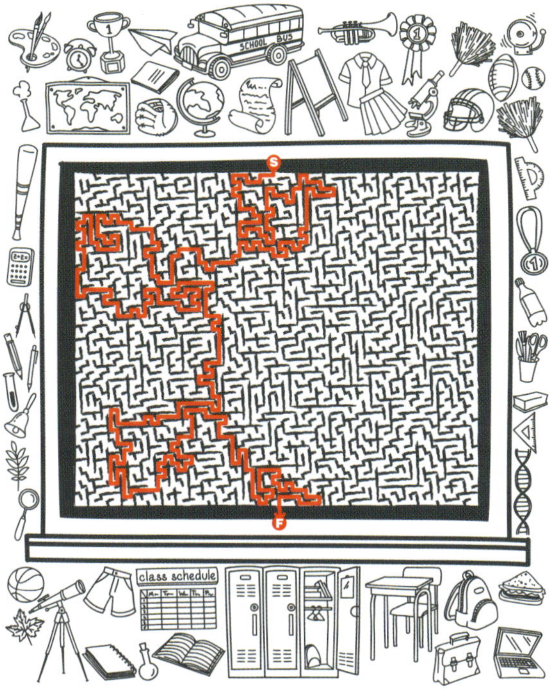
S
F
SCHOOL BUS
class schedule

P. 9

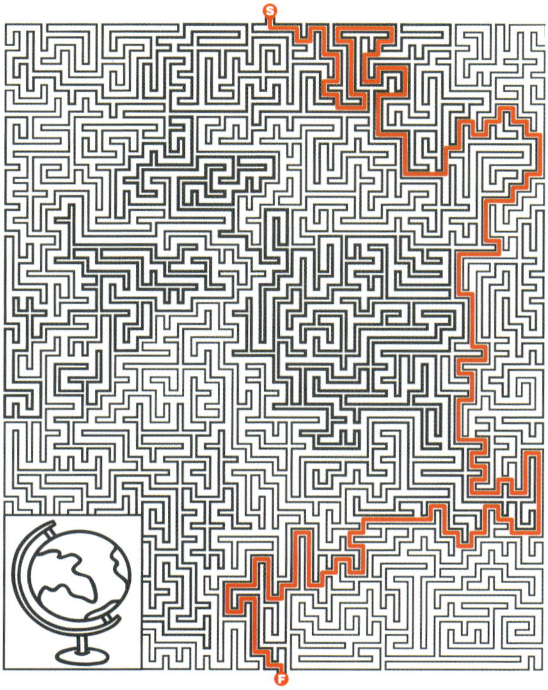
S
F

P. 10

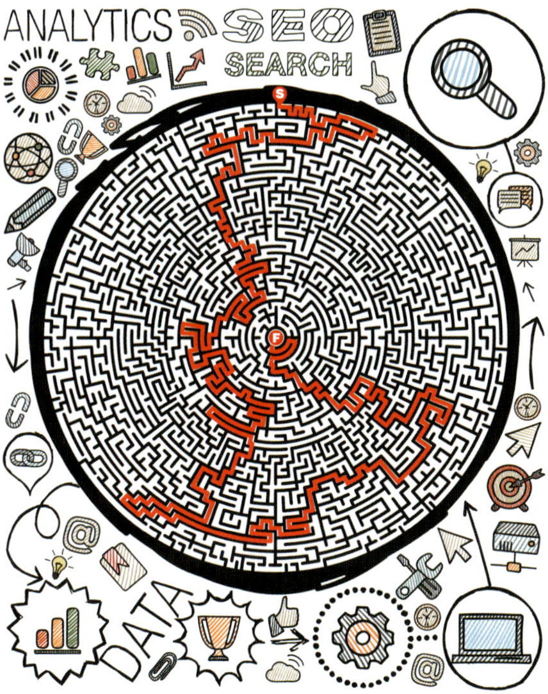
ANALYTICS
SEO
SEARCH
S
F
DATA

P. 11

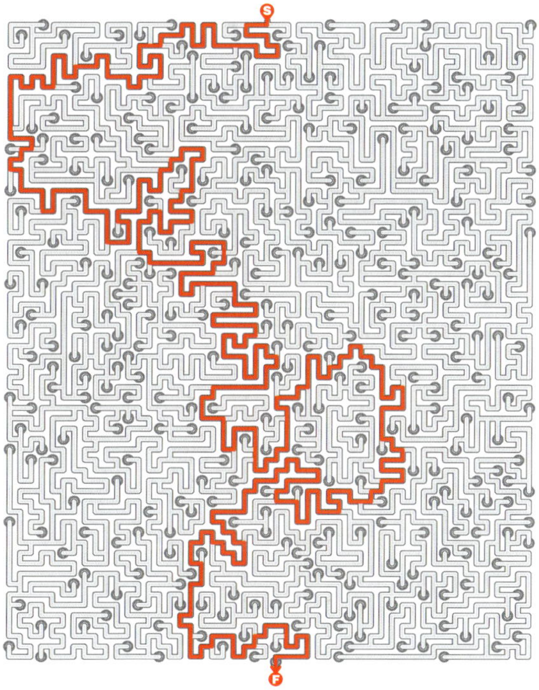
S
F

P. 12

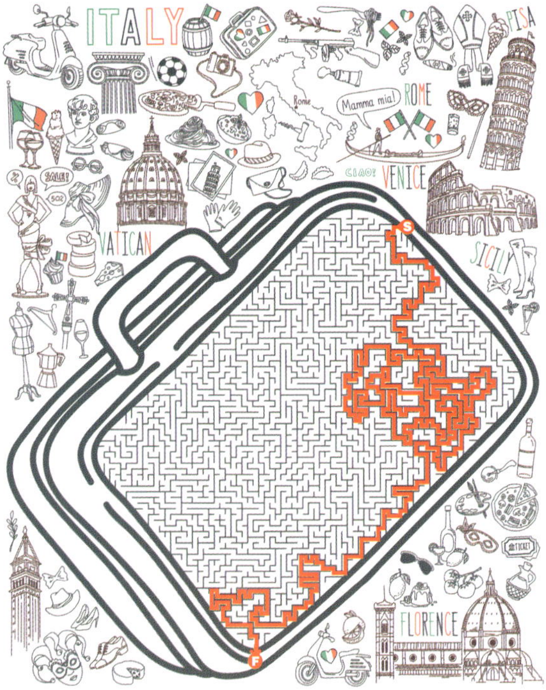

P. 13

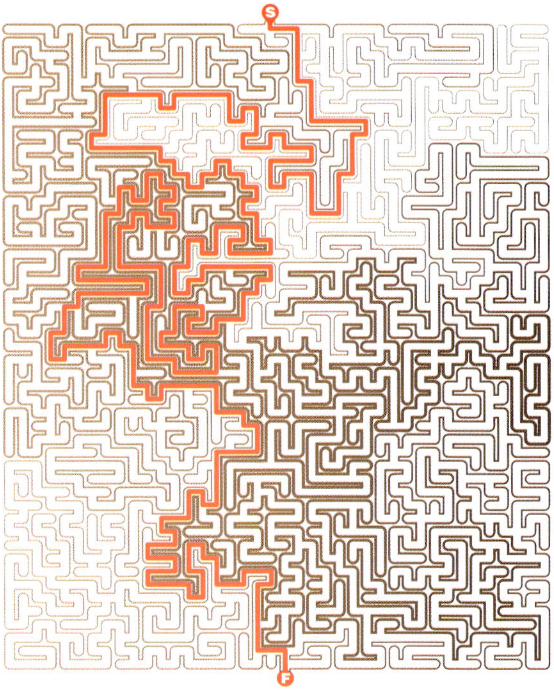

P. 14

P. 15

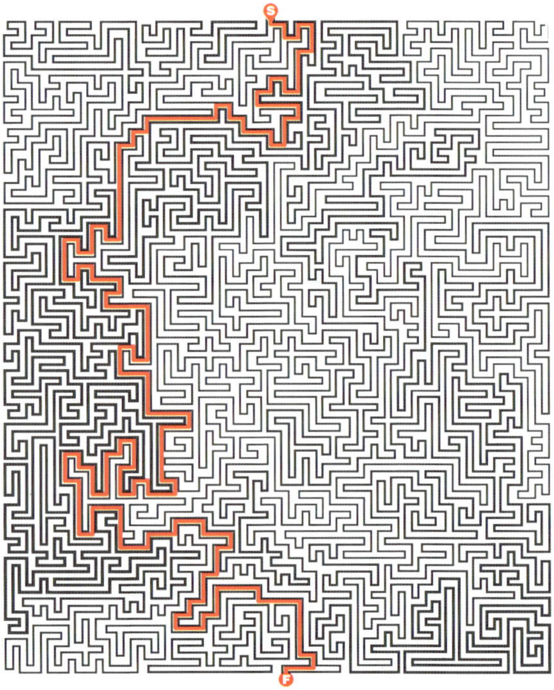

p. 16

p. 17

p. 18

p. 19

P. 20

P. 21

P. 22

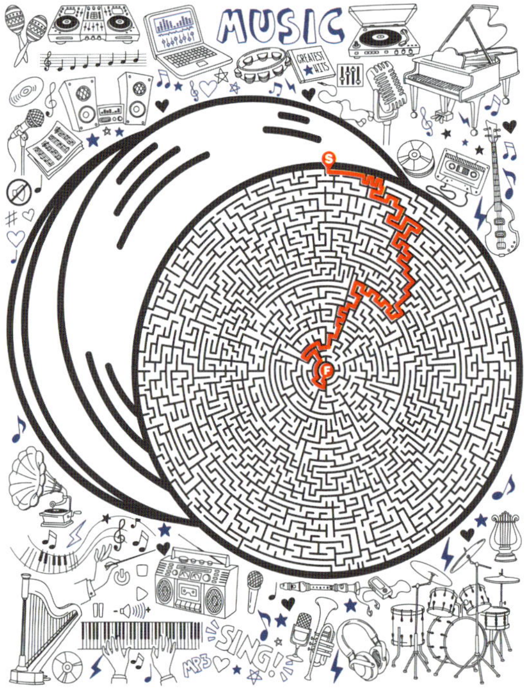

P. 23

P. 24

P. 25

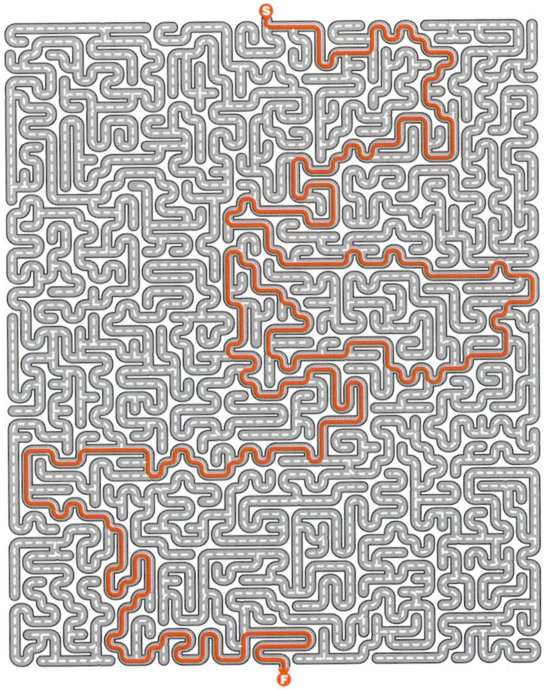

P. 26

P. 27

P. 28

P. 29

P. 30

P. 31

p. 32

p. 33

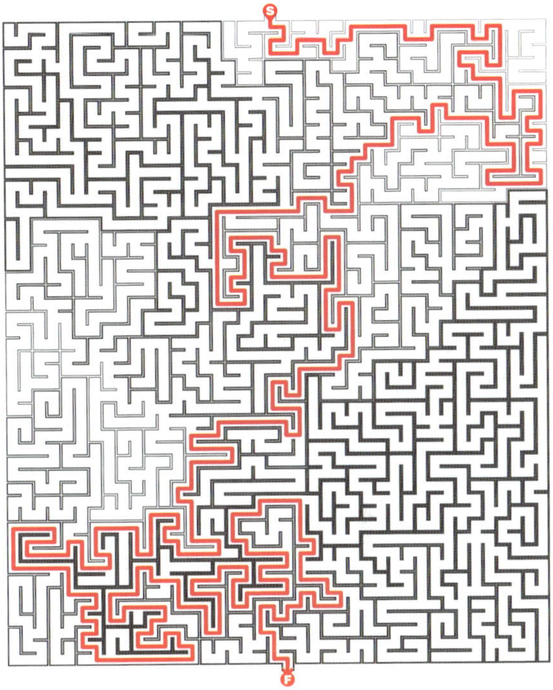

p. 34

p. 35

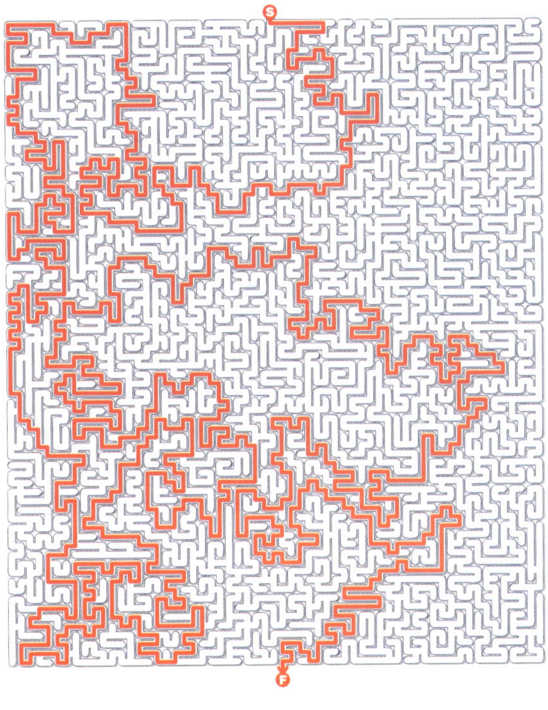

p. 36

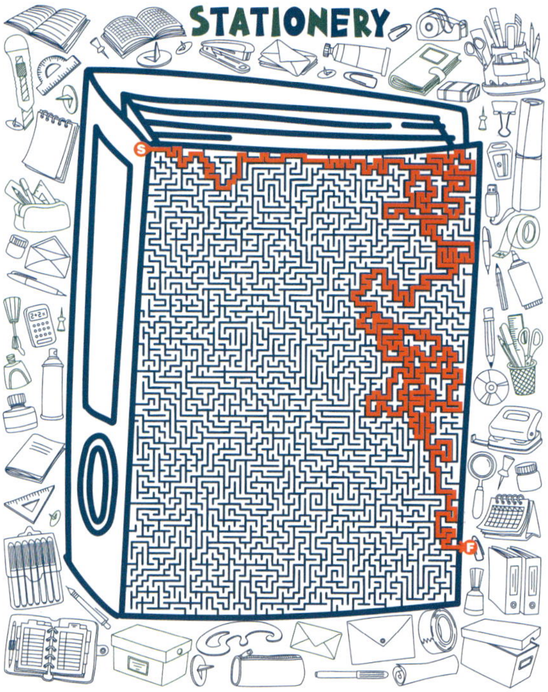

p. 37

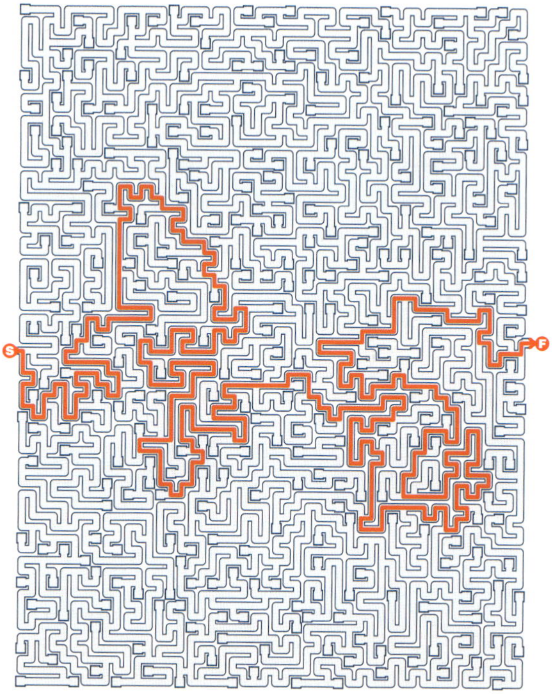

p. 38

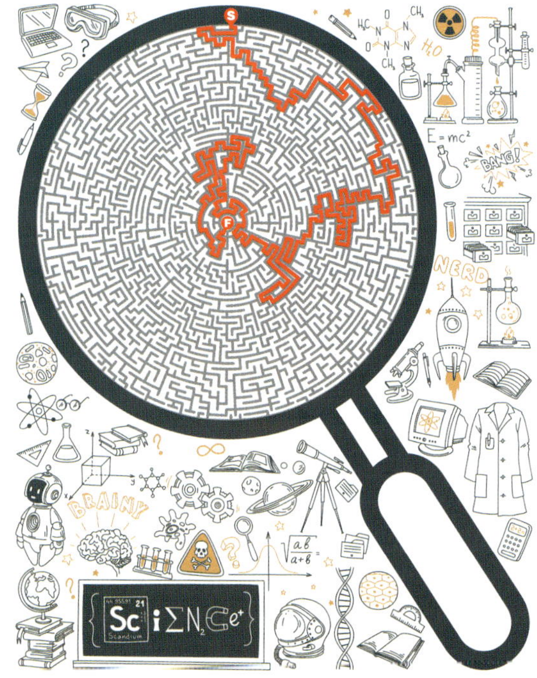

p. 39

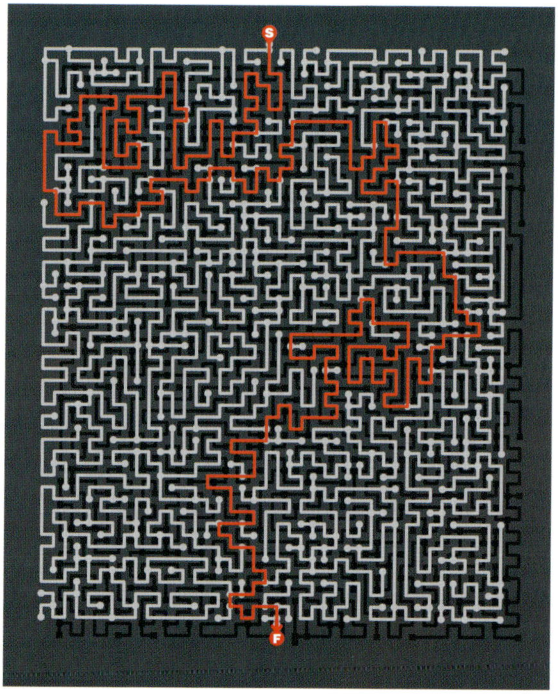

P. 40

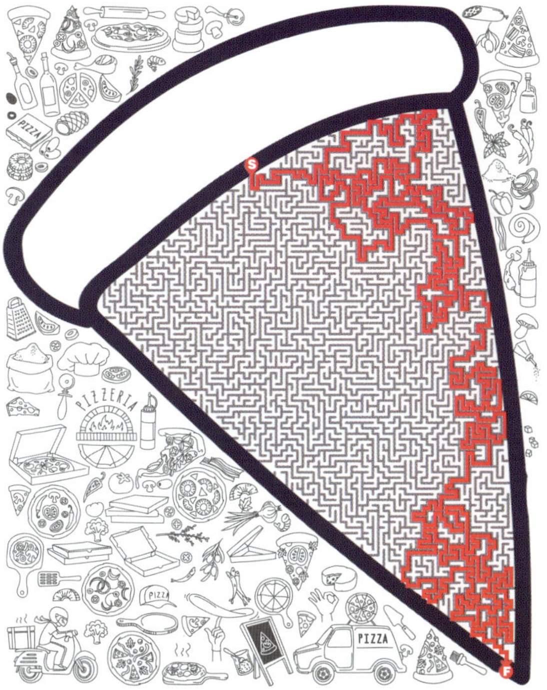

P. 41

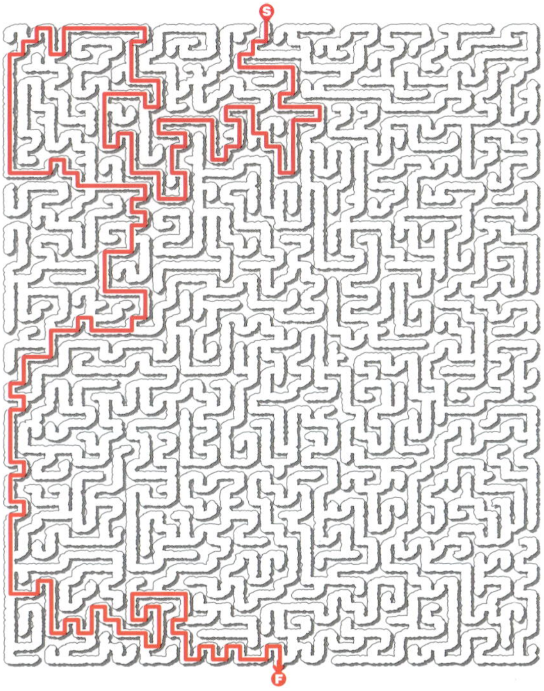

P. 42

P. 43

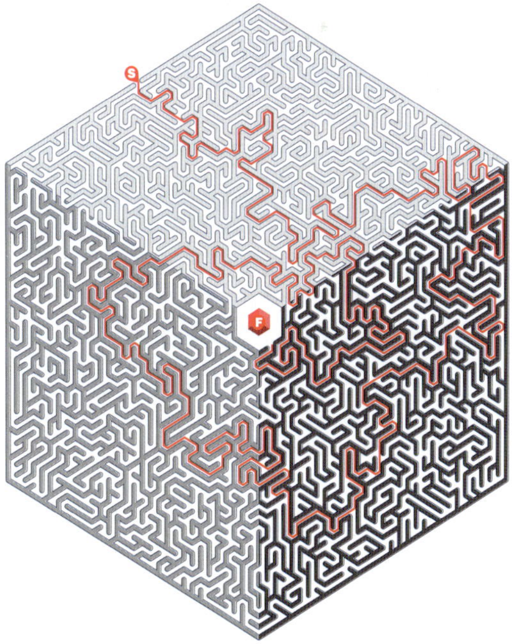

P. 44

P. 45

P. 46

P. 47

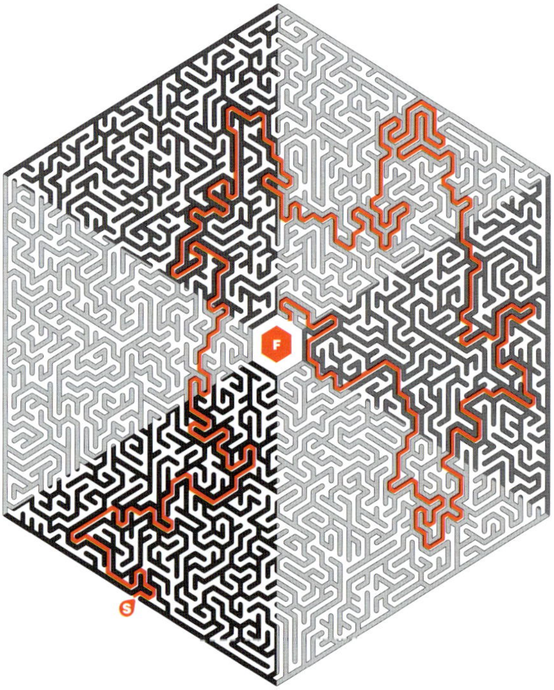

P. 48

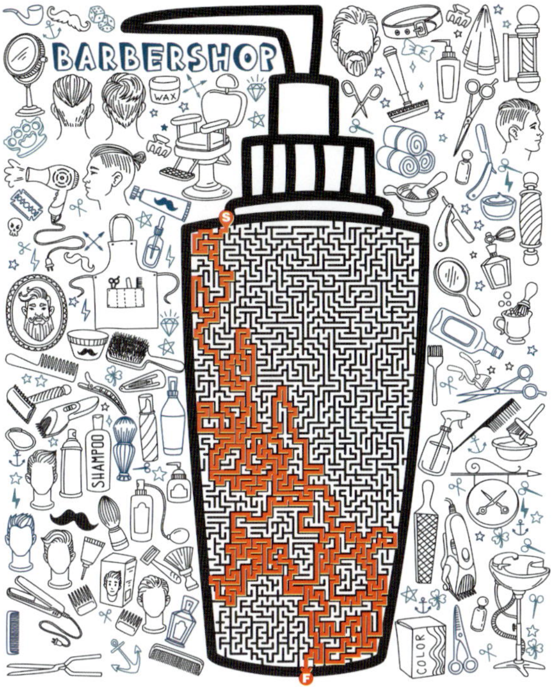

P. 49

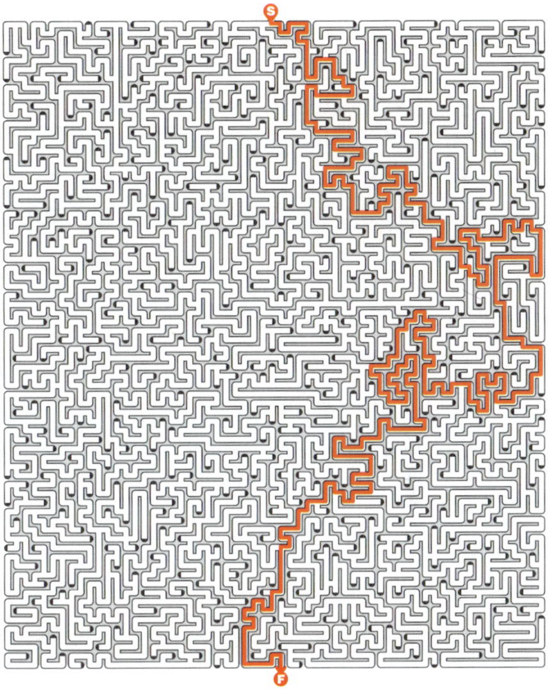

P. 50

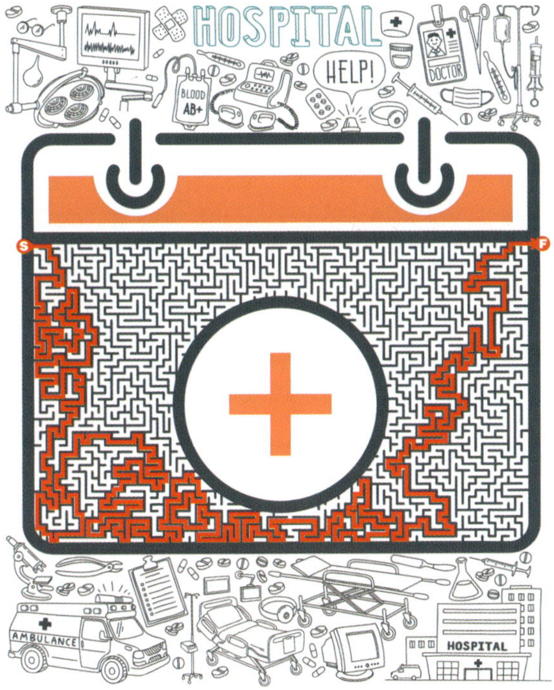

P. 51

P. 52

P. 53

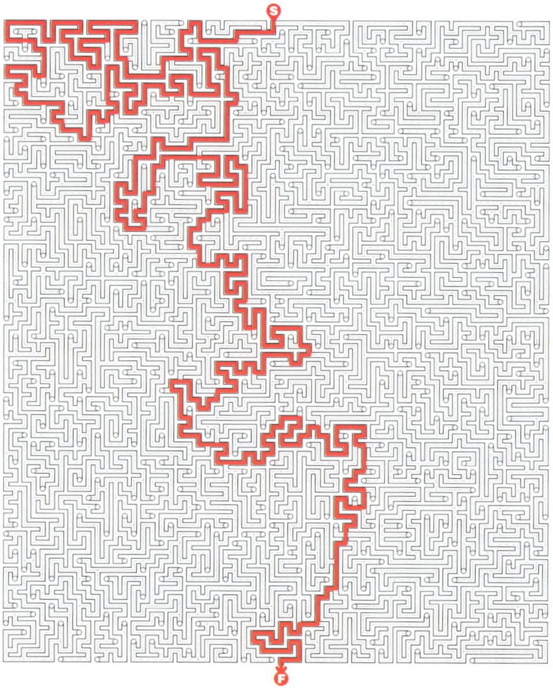

P. 54

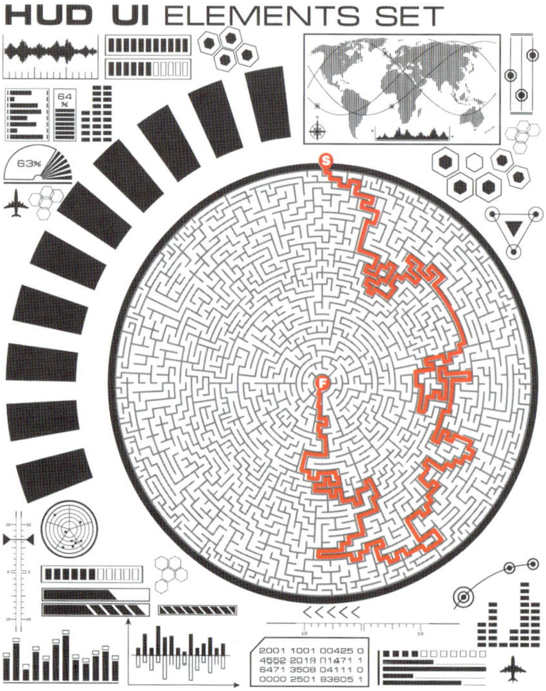

P. 55

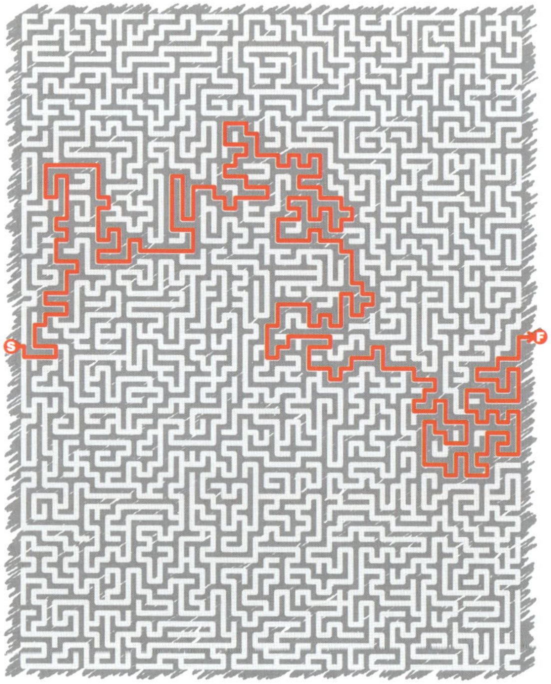

p. 56

p. 57

p. 58

p. 59

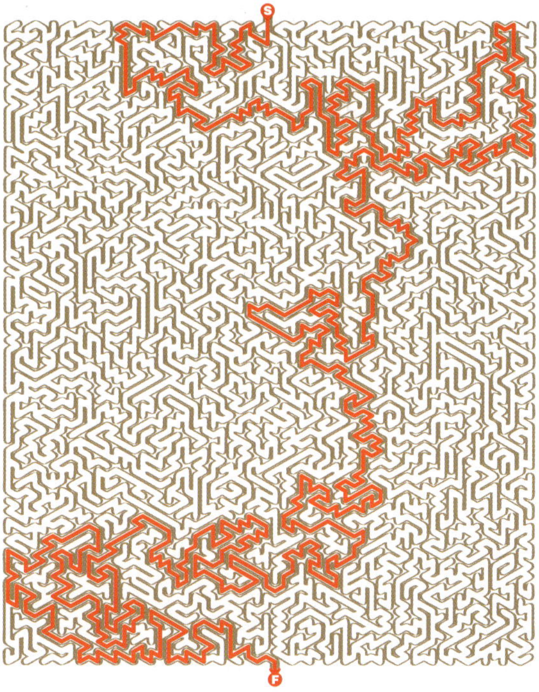

p. 60

p. 61

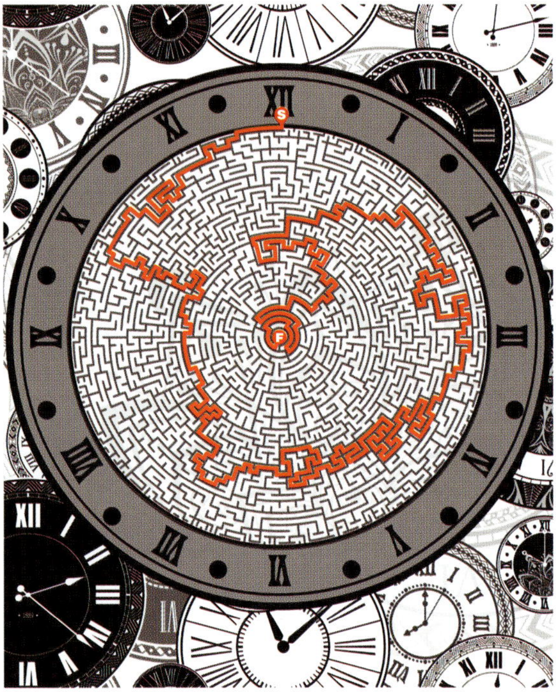

p. 62

p. 63

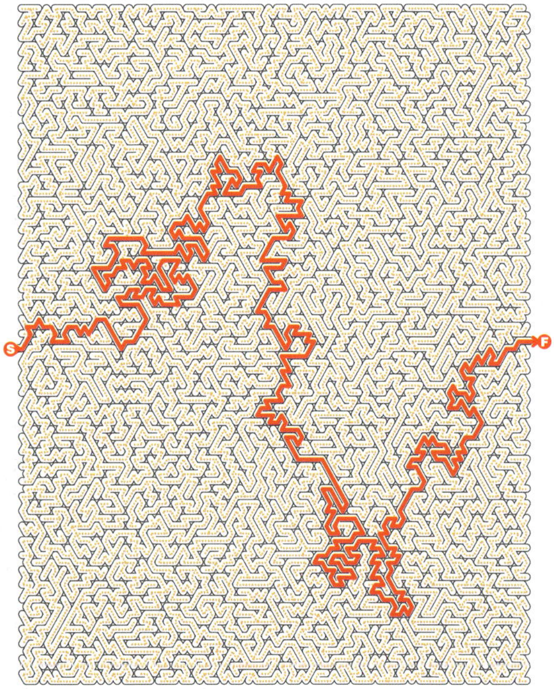

P. 64

P. 65

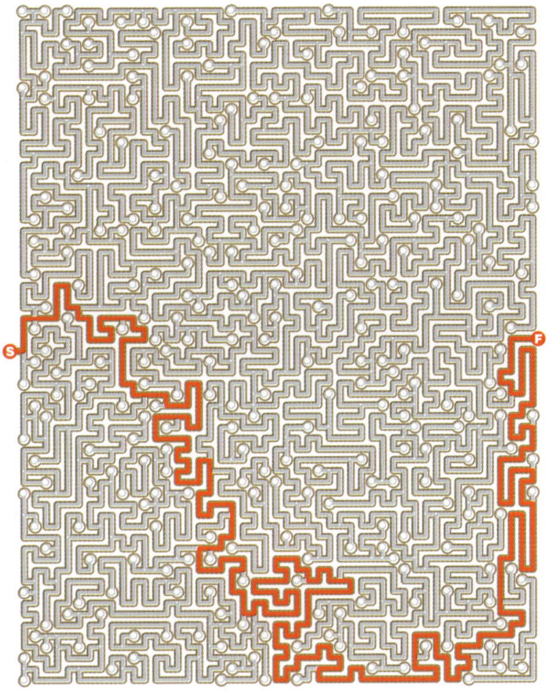

P. 66

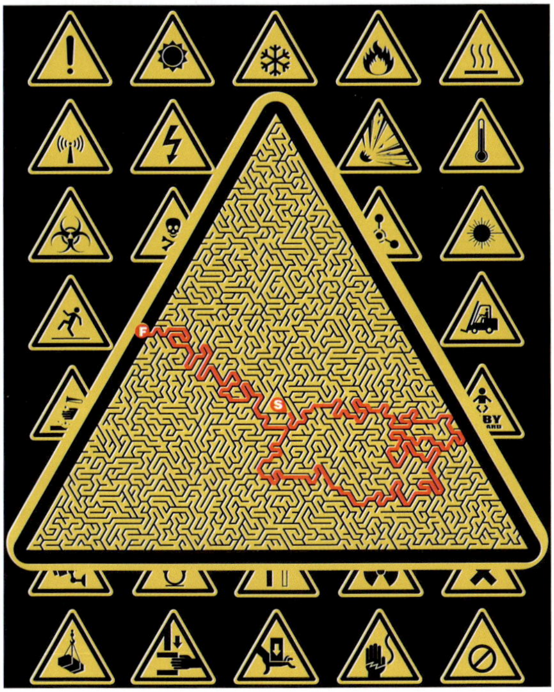

P. 67

P. 68

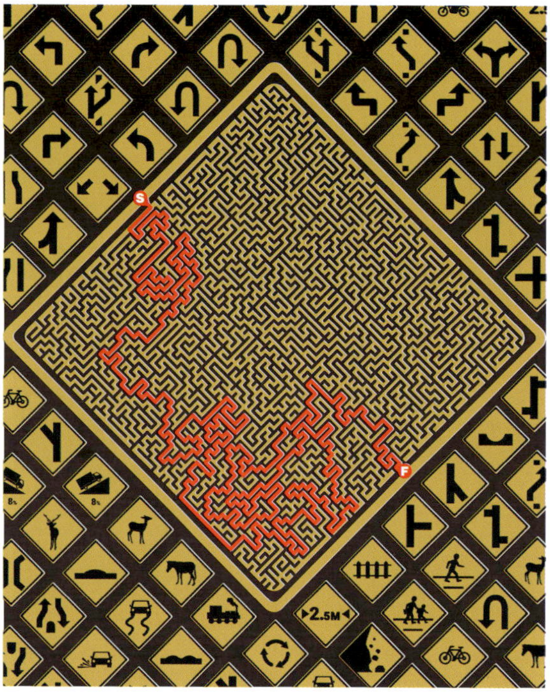

P. 69

P. 70

P. 71

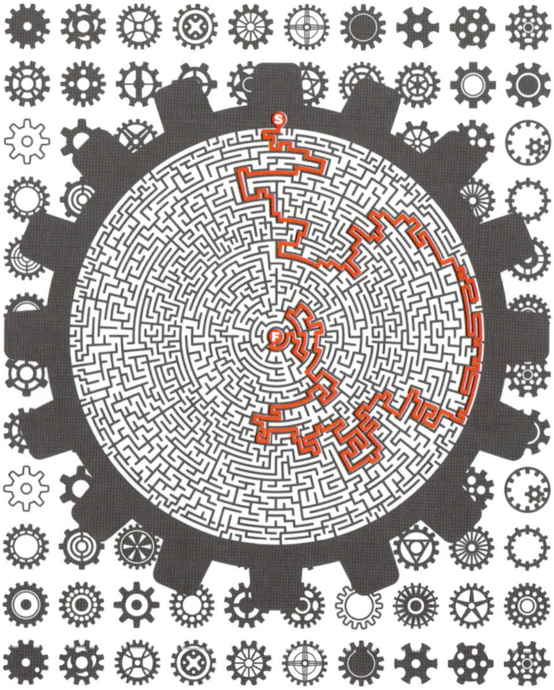

P. 72

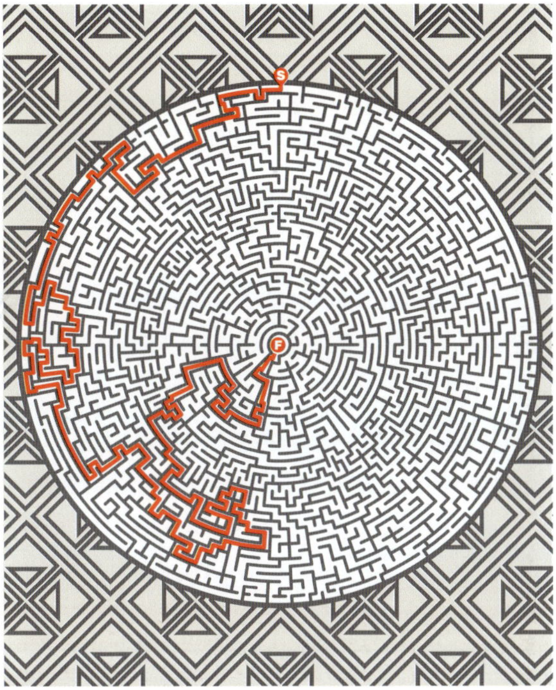

P. 73

P. 74

P. 75

p. 76

p. 77

p. 78

p. 79

p. 80

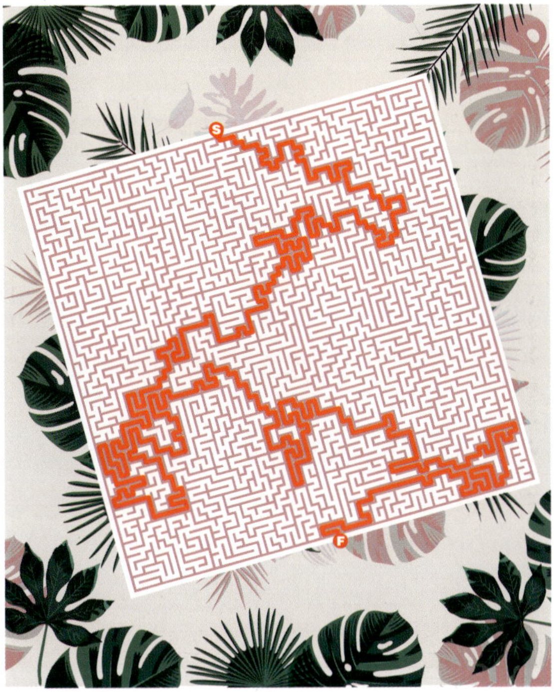

p. 81

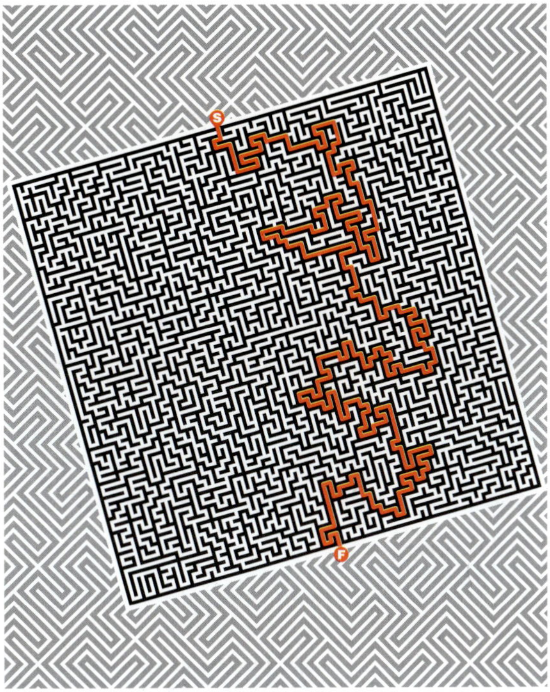

p. 82

p. 83

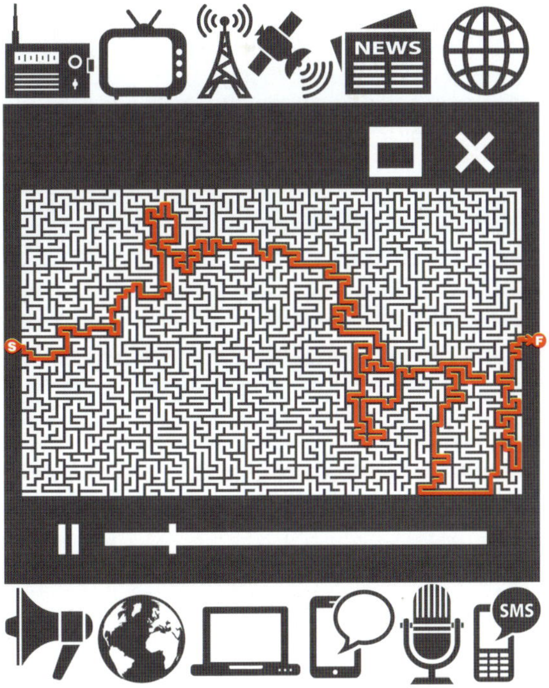

p. 84

p. 85

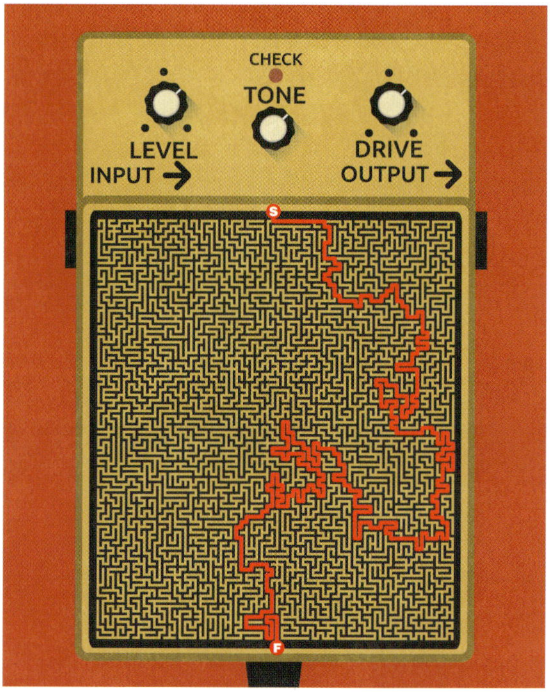

p. 86

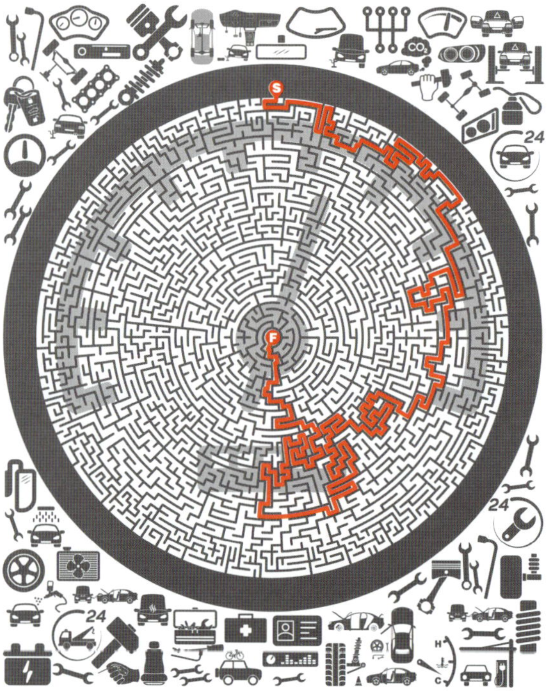

p. 87

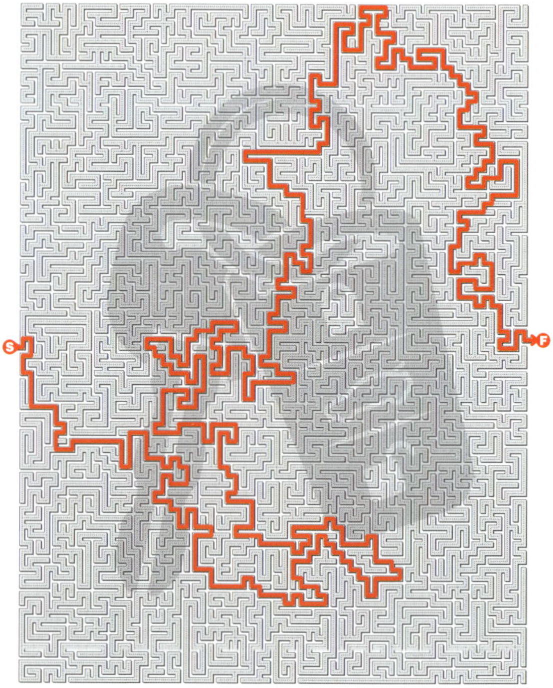

P. 88

P. 89

P. 90

P. 91

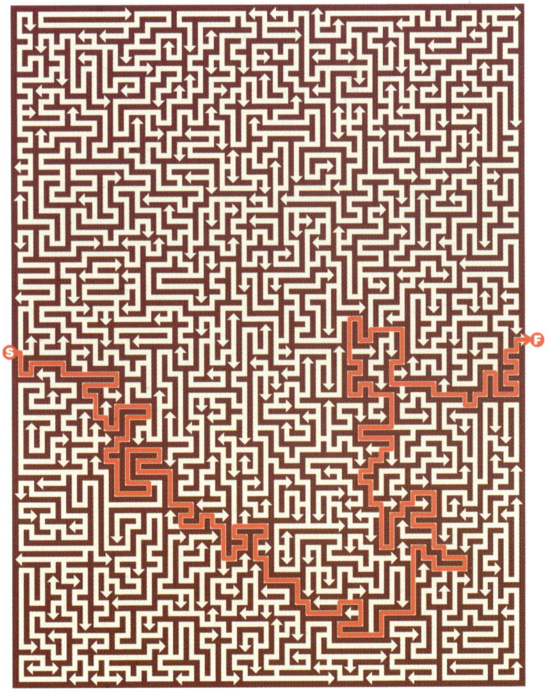

P. 92

P. 93

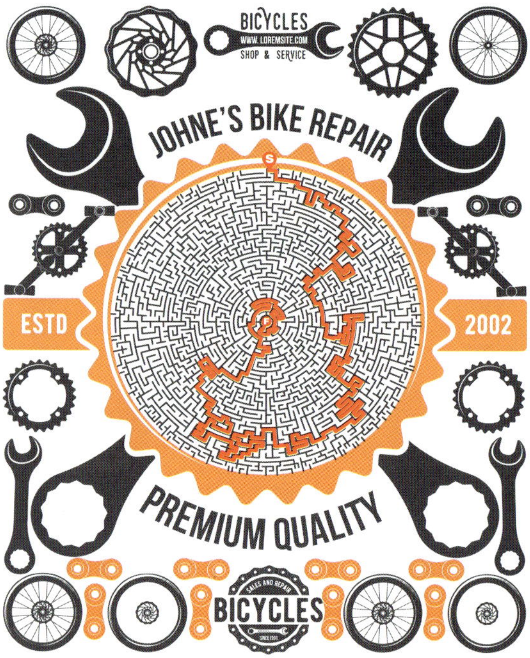

P. 94

P. 95

P. 96

P. 97

P. 98

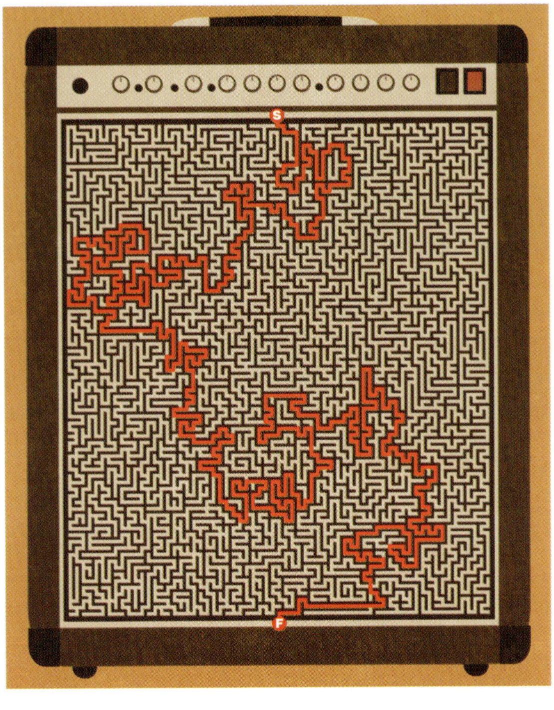

P. 99

p. 100

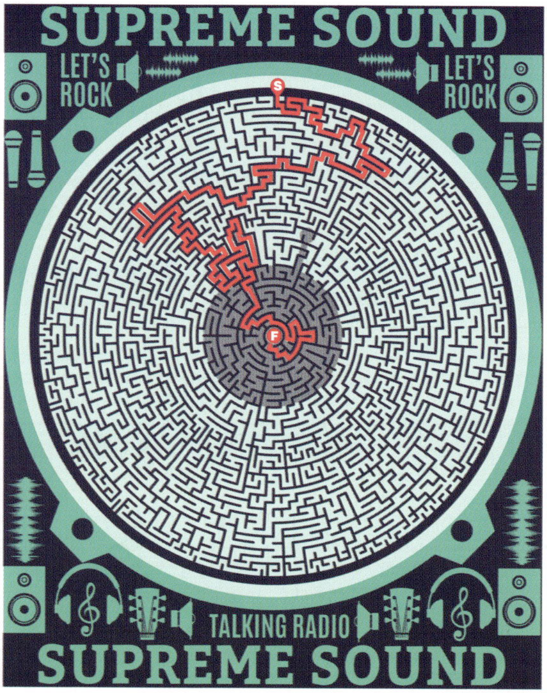

p. 101

p. 102

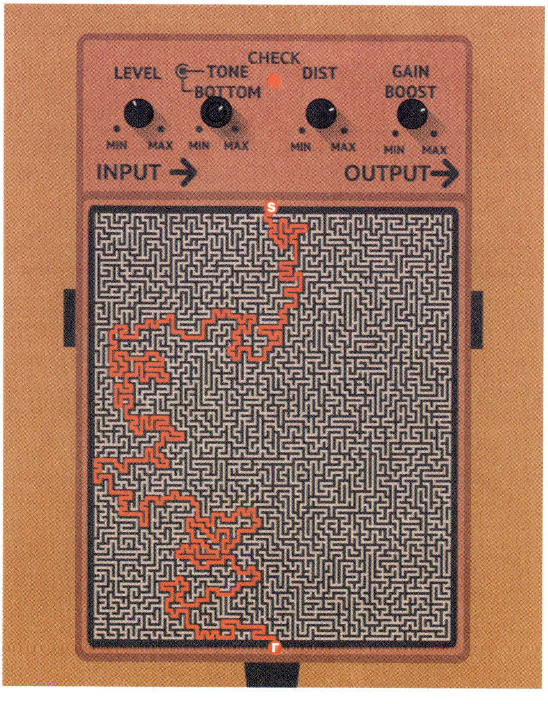

쉴수록 좋아지는 나의 뇌

미로를 탈출하라

디지털 세상으로부터 뇌를 탈출시켜드립니다